BESTACTIVITYBOOKS.COM

ERSTE AUSGABE - Veröffentlicht 2022

Extra Grafikmaterial von: www.freepik.com
Dank an: Alekksall, Starline, Pch.vector, Rawpixel.com, Vectorpocket, Dgim-studio, Upklyak, Macrovector, Stockgiu, Pikisuperstar & Freepik.com Designers

5 TIPPS FÜR DEN ANFANG!

1) LÖSUNG DER RÄTSEL

Die Puzzles haben ein klassisches Format :

- Die Wörter sind ohne Abstand, Bindetrich usw… versteckt
- Richtung : vor-& rückwärts, auf & ab oder in der Diagonale (beider Richtungen)
- Die Wörter können übereinanderliegen oder sich kreuzen

2) AKTIVES LERNEN

Neben jedem Wort ist ein Abstand vorgesehen zum Aufschreiben der Übersetzung. Um ihre Kenntnisse zu überprüfen und zu erweitern befindet sich am Ende des Buches ein **WÖRTERBUCH**. Suchen sie die Übersetzungen, schreiben sie sie auf, dann können sie sie in den. Puzzles suchen und ihrem Wortschatz hinzufügen.

3) ANZEICHNUNG DER WÖRTER

Haben sie schon einmal versucht eine Anzeichnung zu verwenden? Sie könnten zum Beispiel die Wörter, die schwer zu finden sind, ankreuzen, die Wörter, die sie lieben, mit einem Stern, neue Wörter mit einem Dreieck, seltene Wörter mit einem Diamant usw … anzeichnen

4) IHR LERNEN ORGANISIEREN

Am Ende dieser Ausgabe bieten wir auch ein praktisches **NOTIZBUCH** an. Ob im Urlaub, auf Reisen oder zu Hause, sie können ihr neues Wissen ganz einfach organisieren, ohne ein zweites Notizbuch zu benötigen!

5) SIND SIE AM SCHLUSS ?

Gehen sie zum Bonusbereich : **MONSTER-HERAUSFÖRDERUNG,** um ein kostenloses Spiel zu finden, das am Ende dieser Ausgabe angeboten wird !

Lust auf mehr Spaß und Lernaktivitäten? Schnell und einfach :
eine ganze Spielbuchsammlung mit einem einzigen Klick erhaltbar :

Mit diesem Link finden sie ihre nächste Herausforderung :

BestActivityBooks.com/MeineNachsteWortsuche

Achtung, fertig, ... Los !!

Wussten sie, dass es auf der Welt ungefähr 7.000 verschiedene Sprachen gibt ? Wörter sind kostbar.

Wie lieben Sprachen und haben schwer daran gearbeitet, die Bücher von höchster Qualität für sie zu entwerfen. Unsere Zutaten ?

Eine Auswahl von angepassten Lernthemen, drei große Scheiben Spaß, dann fügen wir einen Löffel schwieriger Wörter und eine Prise seltener Wörter hinzu. Wir servieren sie mit Sorgfalt und ein Maximum an Freude, damit sie die besten Wortspiele lösen und Spaß am Lernen haben.

Ihre Meinung ist wichtig. Sie können aktiv zum Erfolg dieses Buches beitragen, indem sie uns eine Bemerkung hinterlassen. Sagen sie uns, was ihnen an dieser Ausgabe am besten gefallen hat !!

Hier ist ein kurzer Link, der sie zu ihrer Bewertungsseite führt

BestBooksActivity.com/Rezension50

Vielen Dank für ihre Hilfe und viel Spaß

Linguas Classics

1 - Gesundheit und Wellness #2

I	K	P	I	A	I	M	O	T	A	N	A	L	S
Y	L	K	O	G	B	N	T	K	F	H	E	O	A
F	V	P	N	R	R	C	F	X	N	R	A	F	N
A	H	C	H	X	O	E	N	E	I	G	Y	H	G
G	U	O	P	K	M	G	T	S	C	R	N	Z	U
V	E	S	T	I	B	U	L	U	M	T	D	J	I
S	I	U	J	D	G	U	J	T	D	F	I	W	N
O	R	N	O	D	S	E	T	I	I	X	S	O	E
M	O	A	N	R	U	L	N	T	E	C	J	T	M
N	L	S	J	L	D	U	C	E	T	R	O	T	I
U	A	L	A	E	N	D	L	P	T	F	D	S	G
S	C	R	Z	L	O	I	P	P	Y	I	D	Q	P
Z	S	U	J	Y	P	S	V	A	F	L	C	T	V
N	U	T	R	I	T	I	O	N	E	M	P	S	Q

URNA
ANATOMIA
APPETITUS
SANGUINEM
DIET
VESTIBULUM
NUTRITIONEM
GENETICS
SANUS
PONDUS
HYGIENE
INFECTIO
CALORIE
MORBI
SOMNUS
LUDIS

2 - Ozean

T	S	A	L	T	A	E	Q	L	I	C	S	R	J
R	E	C	N	A	C	E	U	M	N	O	P	S	E
L	F	M	F	I	G	T	S	X	B	R	O	H	L
Y	I	M	P	U	P	J	B	T	Q	A	N	A	L
P	E	V	F	E	W	J	D	V	U	L	G	R	Y
T	I	Z	R	S	S	A	H	O	C	S	I	K	F
U	V	S	M	S	U	T	C	U	L	F	A	Y	I
R	A	R	C	X	S	D	A	N	E	L	A	B	S
T	N	E	J	E	A	D	N	S	V	B	V	G	H
U	N	E	G	O	S	S	U	P	Y	L	O	P	B
R	G	F	H	Z	G	F	T	O	S	T	R	E	A
A	N	G	U	I	L	L	A	G	V	N	D	Q	O
F	J	N	S	Q	U	I	L	L	A	C	E	D	F
D	E	L	P	H	I	N	I	B	U	V	L	L	J

ANGUILLA
OSTREA
NAVI
DELPHINI
PISCES
SQUILLA
AESTUS
SHARK
CORAL
CANCER
POLYPUS
JELLYFISH
REEF
SAL
TURTUR
SPONGIA
TEMPESTAS
TUNA
BALENA
FLUCTUS

3 - Meditation

A	P	O	I	D	G	H	Q	W	I	I	S	J	M
C	S	P	M	T	Y	R	S	V	D	I	I	U	I
C	E	E	I	L	W	B	A	P	A	V	L	U	S
E	N	R	P	A	C	E	M	T	N	Q	E	S	E
P	O	A	M	G	M	V	H	I	I	Z	N	C	R
T	I	M	Y	O	W	N	Q	E	R	A	T	L	I
I	T	S	C	O	T	B	P	V	T	K	I	A	C
O	A	U	F	Q	K	U	A	U	C	Z	U	R	O
S	T	V	L	Z	G	A	S	U	O	C	M	I	R
M	I	S	E	R	I	C	O	R	D	I	A	T	D
B	G	T	N	A	T	U	R	A	P	M	B	A	I
H	O	H	N	M	U	S	I	C	A	R	T	S	A
Z	C	R	L	E	D	I	S	C	E	R	E	J	M
M	E	N	S	F	M	S	P	I	R	A	N	S	L

ACCEPTIO
SPIRANS
OPERAM
MOTUS
GRATIA
MISERICORDIAM
PACEM
COGITATIONES
MENTIS

CLARITAS
DOCTRINA
DISCERE
MISERICORDIA
MUSICA
NATURA
SILENTIUM
MENS

4 - Archäologie

J	O	M	M	U	I	R	E	T	S	Y	M	C	R
O	S	S	A	L	O	L	W	G	I	H	O	U	E
Z	S	A	U	Q	I	T	N	A	T	J	N	L	L
M	F	B	G	J	T	J	L	D	A	K	U	T	I
S	I	S	Y	L	A	N	A	J	T	F	M	U	Q
Q	M	U	L	P	M	E	T	L	I	O	E	J	U
B	R	B	A	X	I	C	O	O	U	I	N	D	I
E	T	D	S	Z	T	U	F	B	Q	S	T	O	A
P	R	O	F	E	S	S	O	R	I	S	U	L	E
C	T	I	B	H	E	W	I	G	T	E	M	O	E
Q	B	R	D	U	A	B	C	H	N	C	C	R	C
P	E	R	I	T	U	S	H	D	A	C	V	T	F
O	B	L	I	T	U	S	N	O	I	U	V	C	A
I	G	N	O	T	U	M	E	L	I	S	S	O	F

ANALYSIS
ANTIQUITATIS
AESTIMATIO
PERITUS
FOSSILE
MYSTERIUM
MONUMENTUM
OSSA
DOLOR
SUCCESSIO
OBIECTA
PROFESSOR
RELIQUIA
TEMPLUM
IGNOTUM
ANTIQUA
OBLITUS
CULTU

5 - Insekten

N	A	E	N	I	T	W	W	T	E	P	L	B	J
O	P	A	A	X	X	N	A	N	T	A	A	E	D
S	H	L	W	A	S	P	D	J	U	P	D	E	R
I	I	T	J	S	I	Z	A	R	T	I	Y	T	A
T	D	M	G	B	P	Z	C	N	E	L	B	L	G
N	B	D	R	Z	A	M	I	N	R	I	U	E	O
A	W	J	I	E	P	Z	C	H	U	O	G	Q	N
M	E	T	L	G	V	W	F	J	S	Y	M	J	F
C	W	J	L	B	L	A	T	T	A	M	L	A	L
E	U	E	U	R	P	A	R	H	R	V	Z	S	Y
M	I	L	S	W	U	R	I	U	X	E	V	Z	X
U	Y	N	E	I	M	M	I	U	J	R	W	A	C
Q	M	U	Q	X	A	U	T	E	R	M	I	T	E
V	T	N	G	V	Y	N	T	Q	H	T	Z	M	E

ANT
APIS
APHID
MANTIS
GRILLUS
BLATTAM
BEETLE
UTERUS
DRAGONFLY

LADYBUG
TINEA
CULEX
PAPILIO
TERMITE
WASP
VERMIS
CICADA

6 - Gesundheit und Wellness #1

A	V	I	T	C	A	E	V	R	N	H	L	L	C
I	L	K	N	O	C	N	K	E	E	A	Y	N	O
R	G	T	D	O	S	J	N	F	R	B	G	C	N
E	A	A	I	I	Z	S	C	L	V	I	H	D	S
T	G	N	J	T	D	O	A	E	I	T	T	H	E
C	P	I	C	A	U	U	W	X	S	U	P	O	Q
A	N	C	Q	R	E	D	P	U	Y	S	C	R	U
B	X	I	Z	U	M	D	O	M	M	H	U	M	A
M	E	D	I	C	U	S	F	T	Z	A	T	O	T
U	A	E	E	G	E	T	F	H	S	S	I	N	W
C	K	M	R	B	X	T	N	Q	E	U	S	E	U
F	R	A	C	T	U	R	A	E	M	R	J	S	D
M	A	T	Q	U	I	O	W	J	A	I	O	J	D
I	N	I	U	R	I	A	M	J	F	V	Q	R	A

ACTIVA
ATQUI
MEDICUS
BACTERIA
CURATIO
CONSEQUAT
FRACTURA
HABITUS
CUTIS
HORMONES
ALTITUDO
FAMES
EGET
OSSA
MEDICINA
NERVIS
REFLEXUM
JUSTO
INIURIAM
VIRUS

7 - Obst

C	B	R	L	K	L	P	N	S	E	L	P	P	A
P	U	Z	G	I	N	J	R	S	U	C	I	F	V
A	T	C	W	W	K	N	M	U	R	I	P	N	O
P	S	O	U	I	T	C	A	S	N	N	C	E	C
A	V	U	B	M	R	B	I	A	W	O	R	C	A
Y	R	R	E	B	I	Z	T	R	P	W	H	T	D
A	F	P	R	O	H	S	E	E	U	F	O	A	O
P	E	R	S	I	C	U	M	C	D	T	N	R	I
P	I	N	E	A	P	P	L	E	W	V	C	I	E
Z	G	R	A	P	E	F	R	U	I	T	U	N	L
K	J	F	O	H	V	L	Y	T	J	S	S	E	E
X	Q	G	Z	L	P	U	E	L	J	R	I	T	M
I	Q	V	U	X	O	F	T	A	I	M	C	T	O
T	M	S	U	E	A	D	I	S	U	B	U	R	N

PINEAPPLE
APPLE
AVOCADO
BERRY
PIRUM
ETIAM
FICUS
GRAPEFRUIT
RUBUS IDAEUS
CERASUS
KIWI
DOLOR
CUCUMIS
NECTARINE
RHONCUS
PAPAYA
PERSICUM
PRUNO
UVA
LEMON

8 - Universum

M	U	I	T	C	O	N	I	U	Q	E	A	A	A
M	G	C	L	E	O	R	B	I	T	A	S	E	S
S	A	A	A	U	L	S	E	C	B	A	O	R	T
I	L	E	P	X	N	E	J	R	P	M	L	I	E
T	A	L	P	P	O	A	S	U	H	T	A	S	R
S	X	U	A	C	Z	T	P	C	J	T	R	F	O
E	I	M	R	X	I	S	E	Y	O	V	I	T	I
L	A	J	E	S	R	Z	N	N	W	P	S	H	D
E	P	B	T	R	O	H	N	E	E	L	I	L	E
A	H	Z	W	U	H	U	K	S	R	B	D	U	M
C	O	S	M	I	C	A	M	C	D	M	R	Z	M
H	E	M	I	S	P	H	A	E	R	I	O	A	W
L	A	T	I	T	U	D	O	J	T	I	L	V	E
L	O	N	G	I	T	U	D	I	N	I	S	Z	Y

ASTEROIDEM
AERIS
LATITUDO
TENEBRAE
GALAXIA
HEMISPHAERIO
CAELUM
CAELESTIS
HORIZON

COSMICAM
LONGITUDINIS
LUNA
ORBITA
APPARET
SOLARIS
AEQUINOCTIUM
TELESCOPIUM

9 - Camping

W	O	Y	O	H	O	S	O	K	W	M	U	C	T
F	U	N	E	M	A	N	U	L	E	A	J	A	Z
M	O	Q	C	D	A	T	M	F	N	P	H	S	F
L	I	N	T	E	R	R	U	T	O	W	A	U	F
F	H	G	M	O	I	H	E	A	I	W	M	S	I
A	V	L	I	S	N	D	N	M	T	L	M	D	C
I	N	S	E	C	T	E	A	E	A	J	O	D	M
L	A	C	U	S	R	C	T	T	N	C	C	A	V
A	M	U	F	F	I	I	U	N	E	U	K	Z	A
M	B	T	U	T	W	M	R	O	V	E	M	X	D
I	R	B	M	K	F	A	A	M	A	S	B	H	U
N	U	U	A	R	B	O	R	E	S	I	N	G	I
A	T	A	B	E	R	N	A	C	U	L	U	M	L
H	S	C	L	C	O	R	N	U	U	E	K	X	R

CASUS
ARBORES
MONTEM
IGNIS
HAMMOCK
HAT
INSECT
VENATIONE
CAMERAM
LINTER

MAP
DECIMA
CORNU
LUNA
NATURA
LACUS
FUNEM
ANIMALIA
SILVA
TABERNACULUM

10 - Zeit

A	T	F	F	L	W	S	M	L	O	U	F	H	Y
N	H	O	R	A	U	N	N	A	W	T	D	O	D
T	O	C	A	L	E	N	D	A	R	Z	O	R	E
F	O	C	N	U	N	M	U	Y	P	B	P	O	C
Y	R	U	T	N	E	C	O	G	G	D	O	L	E
W	A	I	U	E	N	X	H	W	M	O	J	O	N
A	R	Z	V	T	A	X	U	P	Z	O	N	G	N
N	I	A	B	N	M	V	U	V	O	G	Y	I	I
N	L	A	N	A	M	I	T	P	E	S	D	U	U
O	H	C	M	E	R	I	D	I	E	S	T	M	M
B	V	G	L	I	Y	Y	R	M	E	N	S	E	F
K	B	V	C	D	X	V	L	E	I	D	O	H	T
M	I	N	U	T	I	S	P	R	H	B	R	P	Z
F	U	T	U	R	U	M	S	U	P	H	L	D	H

HERI
HODIE
ANNO
CENTURY
DECENNIUM
ANNUA
NUNC
CALENDAR
MINUTIS
MERIDIES

MENSE
MANE
POST
NOCTE
HORA
DIE
HOROLOGIUM
ANTE
SEPTIMANA
FUTURUM

11 - Säugetiere

S	E	P	L	U	V	Z	I	M	R	L	S	T	P
U	I	B	Z	V	N	A	T	N	Q	C	F	A	R
P	C	M	S	U	S	R	U	A	V	A	O	U	A
U	L	H	I	O	A	B	A	A	D	N	R	R	T
L	E	V	T	A	N	E	L	A	B	I	C	U	A
Y	O	V	N	U	U	Z	H	Y	T	S	I	S	R
R	P	T	A	B	Z	W	G	M	S	U	U	Q	E
K	M	S	H	C	O	Y	O	T	E	P	H	K	H
F	N	V	P	C	D	C	V	F	D	O	Q	W	T
Z	I	F	E	G	A	M	S	U	D	R	A	P	N
D	C	R	L	P	O	S	X	E	F	C	J	K	A
C	C	T	E	T	T	V	T	D	K	A	X	G	P
Y	J	P	Z	Y	H	B	E	O	C	M	P	P	D
T	K	O	M	S	F	G	T	S	R	E	G	I	T

SIMIA
URSUS
CASTOR
ELEPHANTIS
VULPES
PANTHERA
ORCI
CANIS
MACROPUS
COYOTE
LEO
PARDUS
EQUUS
RAT
OVES
TAURUS
TIGER
BALENA
LUPUS
ZEBRA

12 - Algebra

F	N	O	M	A	R	G	A	I	D	X	S	S	L
A	U	G	E	C	E	V	U	O	Q	Y	O	O	I
L	M	M	X	V	T	Q	H	L	I	A	L	L	N
S	E	A	P	H	O	Y	U	O	Z	K	U	V	E
U	R	T	O	I	T	S	E	A	U	Q	T	E	A
M	U	R	N	Q	F	A	Y	E	T	C	I	R	R
I	S	I	E	H	U	A	W	G	A	I	O	E	I
K	N	X	N	Y	T	A	L	U	M	R	O	F	B
S	Y	F	T	L	Q	P	N	K	G	B	B	B	U
S	N	O	I	T	C	A	R	T	B	U	S	A	S
U	C	X	Q	N	V	O	T	S	I	E	N	V	E
M	X	V	Q	G	I	A	O	X	E	T	V	U	P
M	S	W	T	O	I	T	C	A	R	F	A	I	H
A	F	A	C	T	O	R	A	L	L	U	N	S	M

FRACTIO
DIAGRAM
EXPONENT
FACTOR
FALSUM
FORMULA
AEQUATIO
LINEARIBUS
SOLVERE

SOLUTIO
MATRIX
QUANTITAS
NULLA
NUMERUS
QUAESTIO
SUBTRACTION
SUMMA
INFINITA

13 - Philanthropie

H	P	V	C	T	X	A	L	F	U	M	D	B	C
O	R	G	N	O	E	I	A	I	I	I	A	R	O
F	O	D	J	L	E	K	I	L	U	S	T	H	N
I	G	H	U	Z	Z	T	N	I	V	S	U	O	T
N	R	P	U	D	Z	I	U	I	E	I	M	N	A
A	E	J	U	M	E	L	C	S	N	O	X	E	C
N	S	E	E	B	A	U	E	D	I	P	W	S	T
C	S	K	U	T	L	N	P	P	S	D	X	T	U
E	I	M	X	H	Y	I	I	T	B	J	U	A	S
B	O	Q	U	P	O	V	C	T	J	Y	Q	T	A
H	I	S	T	O	R	I	A	A	A	W	Y	I	T
C	O	M	M	U	N	I	T	A	S	T	Q	S	E
A	E	T	A	T	I	L	A	R	E	B	I	L	M
O	P	U	S	P	O	P	U	L	U	S	Q	S	H

OPUS
HONESTATIS
FINANCE
COMMUNITAS
HISTORIA
LIBERALITATE
COETUS
IUVENIS
FILII

CONTACTUS
POPULUS
HUMANITATIS
MISSIO
PECUNIA
PUBLICA
PROGRESSIO
DATUM
METAS

14 - Diplomatie

S	U	T	A	G	E	L	S	O	L	U	T	I	O
E	E	T	H	C	E	R	T	A	M	E	N	Q	S
C	T	C	U	L	I	N	G	U	I	S	P	Q	Z
U	H	I	M	U	I	R	E	P	M	I	J	Q	O
R	I	V	A	N	E	I	L	A	M	T	B	Q	A
I	C	E	N	T	R	A	C	T	A	T	U	S	U
T	O	S	I	K	N	M	H	Q	C	S	I	W	C
A	R	N	T	S	K	U	X	B	I	X	E	H	T
T	U	C	A	Z	A	I	T	I	T	S	U	I	O
E	M	S	R	G	A	Y	L	Y	I	R	W	G	R
M	S	R	I	H	V	N	G	V	L	I	E	B	S
G	R	E	A	C	I	T	A	M	O	L	P	I	D
F	Q	P	N	D	C	Y	R	C	P	N	B	L	T
D	I	S	P	U	T	A	T	I	O	N	E	M	P

ALIENA
AUCTOR
LEGATUS
CIVES
DIPLOMATICAE
DISPUTATIONEM
ETHICORUM
IUSTITIA

HUMANITARIAN
CERTAMEN
SOLUTIO
POLITICA
IMPERIUM
SECURITATEM
LINGUIS
TRACTATUS

15 - Astronomie

T	E	R	R	A	N	U	L	E	S	O	A	T	R
C	O	S	M	O	S	A	F	R	U	B	S	E	M
W	I	U	C	V	V	I	P	U	P	S	T	L	W
Z	A	D	C	O	F	B	V	C	E	E	R	E	Y
M	T	I	A	A	M	Q	R	A	R	R	O	S	W
K	E	S	P	V	E	E	I	O	N	V	N	C	S
A	N	T	Z	M	V	L	T	K	O	A	A	O	N
E	A	L	E	Y	K	D	U	A	V	T	U	P	E
Z	L	X	F	O	R	U	F	M	A	O	T	I	B
L	P	L	T	A	R	X	T	N	L	R	K	U	U
A	D	M	N	J	B	O	E	V	L	I	S	M	L
Z	O	D	I	A	C	Q	N	I	E	U	V	E	A
U	N	I	V	E	R	S	I	H	T	M	Y	G	Q
W	T	S	E	L	L	E	T	A	S	T	W	R	J

ASTRONAUT
TERRA
CAELUM
COMETA
SIDUS
COSMOS
METEORON
LUNA
NEBULA
OBSERVATORIUM
PLANETA
ERUCA
SATELLES
STELLA
SUPERNOVA
TELESCOPIUM
ZODIAC
UNIVERSI

16 - Ballett

M	U	S	C	U	L	I	N	U	Q	D	R	G	A
Z	O	R	W	H	N	E	T	U	S	N	Y	E	A
O	R	C	H	E	S	T	R	A	M	U	H	S	C
G	L	M	L	L	D	R	O	U	A	E	M	T	O
F	E	R	W	K	L	A	F	S	E	R	R	U	M
A	U	D	I	T	O	R	E	S	J	X	M	O	P
C	H	O	R	E	O	G	R	A	P	H	Y	S	O
M	U	V	I	S	S	E	R	P	X	E	H	T	S
U	R	E	C	E	N	S	E	N	D	U	M	Y	I
S	D	D	E	C	O	R	U	M	R	X	Q	L	T
I	E	F	A	M	L	A	R	H	N	R	T	E	O
C	W	M	E	N	O	I	S	N	E	T	N	I	R
A	R	C	D	C	S	A	R	T	I	S	R	V	O
S	A	L	T	A	T	O	R	E	S	F	Z	A	X

DECORUM
EXPRESSIVUM
CHOREOGRAPHY
ARTE
GESTU
INTENSIONEM
COMPOSITOR
ARTIS
MUSICA
MUSCULI
ORCHESTRA
USU
RECENSENDUM
AUDITORES
NUMERO
SOLO
STYLE
SALTATORES
ARS

17 - Geologie

M	U	D	I	C	A	Y	D	S	Q	H	X	E	C
U	I	M	A	U	R	I	S	A	O	U	X	L	O
I	O	N	A	C	L	O	V	L	N	Y	R	I	N
C	G	S	E	T	I	M	G	A	L	A	T	S	T
L	E	U	L	R	O	A	F	M	E	H	E	S	I
A	Y	C	I	M	A	R	F	R	L	N	X	O	N
C	S	E	S	Q	V	L	C	S	R	C	E	F	E
P	E	P	U	Q	A	A	I	T	T	P	S	U	N
L	R	S	F	X	L	R	U	B	P	O	A	O	S
A	H	K	N	J	E	O	I	H	U	B	N	B	B
T	V	S	J	I	Q	C	G	N	J	S	I	E	O
E	T	E	R	R	A	E	M	O	T	U	S	G	I
A	A	Q	U	A	R	T	Z	M	P	I	X	Q	Y
U	N	S	T	A	L	A	C	T	I	T	E	U	Q

TERRAEMOTUS
EXESA
FOSSILE
FUSILE
GEYSER
SPECUS
CALCIUM
CONTINENS
CORAL
LAVA

MINERALIBUS
PLATEAU
QUARTZ
SAL
ACIDUM
STALAGMITES
STALACTITE
STONE
VOLCANO
MAURIS

18 - Wissenschaft

N	T	A	A	V	S	Z	N	N	K	T	W	P	P
O	A	Q	L	T	E	Z	R	D	X	A	M	R	L
M	L	T	L	D	O	K	B	J	U	W	U	A	A
B	G	C	U	Z	F	M	E	P	M	M	T	E	N
Q	V	I	N	R	H	L	O	A	F	F	N	G	T
T	J	M	Q	P	A	H	L	M	J	S	E	R	I
Z	P	J	S	I	L	U	C	E	L	O	M	E	S
P	H	Y	S	I	C	A	U	R	X	Q	I	S	A
P	A	R	T	I	C	U	L	I	S	K	R	S	X
M	O	D	U	S	F	O	S	S	I	L	E	U	D
S	U	B	I	L	A	R	E	N	I	M	P	S	T
R	U	M	T	K	E	T	Z	L	D	N	X	M	B
M	U	B	P	Y	P	C	A	E	L	I	E	X	H
L	E	Q	T	K	P	J	U	D	E	G	E	T	S

ATOM
EGET
DATA
PRAEGRESSUS
EXPERIMENTUM
FOSSILE
RUM
CAELI
NULLA

MODUS
MINERALIBUS
MOLECULIS
NATURA
PARTICULIS
PLANTIS
PHYSICA
EO

19 - Bildende Kunst

A	R	E	C	Q	S	R	F	X	W	J	M	L	P
O	R	C	O	M	P	O	S	I	T	I	O	U	H
B	T	C	D	A	M	T	U	J	S	X	B	T	O
C	Q	I	H	E	F	F	I	G	I	E	S	U	T
E	A	M	U	I	H	P	A	R	G	F	S	M	O
N	Y	R	J	M	T	N	I	N	V	I	U	U	G
S	K	A	B	W	N	E	P	L	R	T	I	T	R
T	O	F	O	O	N	R	C	J	X	R	R	C	A
E	S	C	H	D	N	W	R	T	K	A	A	E	P
N	I	R	L	J	E	E	Z	B	U	J	M	P	H
C	I	E	F	V	A	F	S	F	I	R	L	S	N
I	T	T	P	I	C	T	U	R	A	L	A	O	F
L	H	A	D	U	I	S	U	L	F	P	P	R	Y
G	L	O	S	S	A	R	I	U	M	C	K	P	E

ARCHITECTURA
GRAPHIUM
DUIS
PHOTOGRAPH
PICTURA
CARBONES
GLOSSARIUM
CRETA
ARTIFEX
PALMARIUS
PROSPECTUM
EFFIGIES
STENCIL
OTIUM
PEN
LUTUM
CERA
COMPOSITIO

20 - Sport

C	F	U	J	M	C	B	D	K	T	L	B	E	J
H	O	E	O	A	S	S	O	I	M	O	Z	V	H
O	R	V	G	X	P	A	T	I	E	N	T	I	A
R	T	M	G	I	F	X	S	C	C	G	U	O	G
U	I	U	I	M	E	T	A	T	L	U	C	A	F
M	T	S	N	I	O	E	L	C	F	Q	R	J	U
Q	U	C	G	Z	V	I	U	R	O	I	X	C	J
A	D	U	O	E	C	D	T	I	X	R	N	E	V
Y	O	L	E	J	C	H	E	F	P	X	P	I	Q
G	N	I	L	C	Y	C	M	Y	Z	P	N	U	S
U	R	M	I	A	T	H	L	E	T	A	A	W	S
D	P	H	T	M	G	L	U	D	I	S	U	I	N
Y	X	H	R	A	E	D	A	U	X	K	L	Q	W
N	U	T	R	I	T	I	O	N	E	M	G	E	P

ATHLETA
PATIENTIA
DIET
NUTRITIONEM
FACULTATEM
SALUTEM
JOGGING
OSSA
CORPUS

MAXIMIZE
MUSCULI
ELIT
CYCLING
LUDIS
FORTITUDO
CHORUM
RAEDA
FINIS

21 - Mythologie

M	Z	E	L	U	S	H	E	R	O	S	D	N	B
L	O	A	F	O	R	T	I	T	U	D	O	S	E
M	A	R	U	G	L	U	F	W	T	U	T	G	L
Q	U	U	T	M	O	R	I	B	U	S	U	I	L
D	T	T	X	A	M	Q	G	J	Q	N	H	T	A
C	T	A	S	I	L	A	C	I	G	A	M	O	T
C	A	E	L	U	M	E	L	T	F	C	L	N	O
I	Z	R	V	I	N	D	I	C	T	A	M	I	R
Q	D	C	E	P	F	C	L	A	D	I	S	T	L
T	R	I	U	M	P	H	A	N	T	E	S	R	E
C	U	L	T	U	R	A	E	O	T	M	Y	U	G
A	R	C	H	E	T	Y	P	U	M	C	R	A	E
M	O	N	S	T	R	U	M	O	J	A	V	P	N
A	Y	L	A	B	Y	R	I	N	T	H	U	S	D

ARCHETYPUM
FULGUR
TONITRUA
ZELUS
HEROS
CAELUM
CLADIS
CREATURA
BELLATOR
CULTURA

LABYRINTHUS
LEGEND
MAGICALIS
MONSTRUM
VINDICTAM
FORTITUDO
MORTALE
TRIUMPHANTES
MORIBUS

22 - Kraft und Schwerkraft

E	P	O	G	P	K	A	T	F	O	M	S	U	T
S	J	R	R	W	O	T	M	Q	G	E	G	N	E
U	Q	U	O	B	C	N	M	S	L	C	P	I	M
S	C	T	R	P	I	X	D	A	W	H	M	V	P
C	A	I	A	Y	R	T	G	U	F	A	D	E	U
I	J	B	Z	E	H	I	A	W	S	N	M	R	S
P	C	A	P	T	M	D	E	O	I	I	U	S	P
I	U	R	Z	N	I	P	A	T	X	C	R	A	H
T	L	U	C	O	R	P	F	P	A	A	T	L	Y
P	T	C	O	R	M	J	Z	I	H	T	N	I	S
C	E	L	E	R	I	T	A	T	E	O	E	S	I
O	Z	I	N	V	E	N	T	I	O	M	C	S	C
D	I	L	A	T	A	T	I	O	R	X	J	K	A
P	L	A	N	E	T	A	R	U	M	L	L	I	E

PROCUL
AXIS
CENTRUM
CURABITUR
SUSCIPIT
PROPRIETATES
INVENTIO
DILATATIO
CELERITATE
PONDUS
MECHANICA
ORBITA
PHYSICA
PLANETARUM
UNIVERSALIS
TEMPUS

23 - Ökologie

C	V	Z	C	N	N	S	G	B	P	S	I	K	Z
S	A	E	L	M	A	A	J	B	L	R	E	C	O
I	U	E	X	Y	T	L	J	U	A	S	W	Q	S
C	I	N	L	A	U	U	W	D	N	U	N	L	B
C	O	I	U	I	R	T	Z	F	T	M	X	M	G
I	E	R	S	T	A	E	Z	D	I	U	D	H	B
T	Y	A	P	N	L	M	H	Z	S	Q	K	J	X
A	T	M	E	E	I	E	D	A	R	U	T	A	N
T	F	A	C	R	S	D	M	O	B	V	A	A	A
E	L	L	I	I	Q	U	H	O	F	I	Y	T	T
O	O	L	E	V	G	L	B	M	N	R	T	F	Q
P	R	U	S	N	L	A	D	U	V	T	H	A	O
E	A	N	X	N	C	P	G	X	B	H	E	W	T
S	V	O	L	U	N	T	A	R	I	I	S	S	T

SPECIES
MONTES
SICCITATE
FLORA
VOLUNTARIIS
CAELI
HABITAT
MARINE
NULLAM
NATURA
NATURALIS
PLANTIS
OPES
PALUDEM
SALUTEM
VIRENTIA

24 - Boote

L	E	O	M	J	R	F	E	G	X	S	B	W	M
D	N	N	E	M	U	L	F	W	X	I	V	S	J
C	J	A	E	M	M	U	N	A	E	C	O	X	Q
O	S	S	L	T	H	C	A	Y	A	I	E	G	D
E	N	G	I	N	E	T	I	V	A	T	N	A	C
M	E	G	E	R	G	U	M	X	T	U	I	L	R
E	A	G	O	A	K	S	A	I	U	A	T	A	D
N	F	R	V	E	A	D	I	X	A	N	S	C	R
U	M	G	E	S	N	X	L	T	N	I	U	U	Y
F	N	R	K	T	C	K	A	Y	A	K	S	S	L
A	F	A	G	U	H	I	C	I	M	R	P	Q	M
X	S	K	V	S	O	Q	O	U	D	F	W	E	O
K	F	Z	H	I	R	O	T	I	T	T	R	O	P
F	K	N	Z	Y	S	L	I	N	T	E	R	Q	E

ANCHOR
SUSTINEO
CANTAVIT
GREGEM
PORTTITOR
RATIS
FLUMEN
KAYAK
LINTER
MARE

ENGINE
NAUTICIS
OCEANUM
LACUS
NAUTA
NAVIS
FUNEM
AESTUS
FLUCTUS
YACHT

25 - Stadt

U	F	J	R	T	A	Z	B	I	U	S	V	S	E
N	T	U	Z	I	O	T	Q	M	K	N	O	S	P
I	H	U	N	L	P	F	Q	R	E	U	V	Z	C
V	K	V	R	E	F	A	S	U	Q	Z	B	E	G
E	C	H	L	M	O	S	M	T	I	G	D	S	A
R	A	O	I	U	F	L	O	R	I	S	T	P	L
S	S	T	B	I	Z	E	G	E	T	C	M	I	L
I	U	E	R	D	M	U	R	O	F	Q	U	S	E
T	V	L	A	A	M	E	T	O	X	E	S	T	R
Y	M	U	R	T	A	E	H	T	T	K	E	R	Y
G	T	F	Y	S	U	M	M	D	W	S	U	I	J
B	O	O	K	S	T	O	R	E	O	Q	M	N	A
S	R	H	X	B	E	S	C	H	O	L	A	U	U
K	K	V	F	C	E	M	Y	F	G	R	R	M	X

ATQUI
RIPAM
PISTRINUM
LIBRARY
FLORIST
BOOKSTORE
CASU
ELIT
GALLERY
STORE

HOTEL
EGET
MUSEUM
AMET
SCHOLA
STADIUM
FORUM
THEATRUM
UNIVERSITY
EXO

26 - Aktivitäten

O	N	C	G	A	L	F	I	A	A	D	Z	M	M
D	X	P	A	O	R	L	G	N	R	Z	M	V	A
E	M	I	R	T	E	T	C	P	T	U	Z	Q	G
P	I	C	T	U	R	A	E	P	E	F	T	Z	I
F	S	I	S	C	T	Z	N	S	E	E	X	U	A
D	R	N	A	G	N	I	N	E	D	R	A	G	S
P	I	S	C	A	N	D	I	D	X	A	D	P	K
T	E	T	J	X	K	N	I	T	T	I	N	G	L
C	O	M	M	O	D	I	S	Z	R	S	L	I	J
H	I	P	U	L	U	D	O	S	G	W	E	A	R
U	T	N	D	I	V	E	N	A	T	I	O	N	E
C	C	M	M	E	T	A	T	P	U	L	O	V	P
F	E	J	V	B	L	O	I	T	C	A	P	N	S
Y	L	C	O	N	S	E	Q	U	A	T	Q	V	B

ACTIO
PISCANDI
CASTRA
ARTE
CONSEQUAT
OTIUM
GARDENING
PICTURA
COMMODIS
VENATIONE
ES
ARTES
LECTIO
MAGIA
SUTURA
LUDOS
KNITTING
VOLUPTATEM

27 - Bienen

M	F	X	S	J	M	Z	A	Y	P	F	M	E	H
D	N	M	B	F	G	X	L	J	L	L	I	C	B
I	B	T	Q	D	U	R	I	Y	A	O	S	O	V
V	U	X	Z	S	J	M	S	R	N	R	C	S	N
E	L	I	T	U	K	C	U	F	T	E	E	Y	H
R	E	O	T	T	M	Z	D	S	I	B	N	S	Z
S	M	E	S	C	F	F	U	N	S	I	T	T	R
I	N	V	K	U	I	L	J	Y	F	T	U	E	I
T	Q	L	N	R	N	A	O	E	U	J	R	M	Q
A	U	A	O	F	S	U	T	R	O	H	E	N	Y
S	A	N	I	G	E	R	P	N	E	L	L	O	P
B	R	P	X	M	C	P	L	U	N	S	J	O	X
R	E	R	O	A	T	U	H	A	B	I	T	A	T
A	C	P	O	L	L	I	N	A	T	O	R	G	Y

POLLINATOR
ALVEO
FLORES
FLOREBIT
ALIS
FRUCTUS
HORTUS
MEL
INSECT
REGINA
HABITAT
ECOSYSTEM
PLANTIS
POLLEN
FUMUS
MISCENTUR
SOL
DIVERSITAS
UTILE
CERA

28 - Wissenschaftliche Disziplinen

P	B	Y	W	W	J	W	M	D	N	S	N	M	P
G	H	W	T	A	Y	R	A	U	E	O	E	E	K
R	O	Y	Q	B	G	H	C	I	U	C	D	T	I
A	E	G	S	A	O	O	I	S	R	I	E	E	N
M	W	O	A	I	L	Y	N	Q	O	O	R	O	E
M	X	L	C	M	O	G	A	Y	L	L	L	R	S
A	U	O	I	O	N	L	T	I	O	O	A	O	I
T	R	I	N	T	U	T	O	S	G	G	N	L	O
I	C	B	A	A	M	X	B	G	Y	I	D	O	L
C	H	G	H	N	M	R	T	L	Y	A	I	G	O
A	E	L	C	A	I	S	R	L	V	E	C	Y	G
U	M	O	E	C	O	L	O	G	I	A	A	T	Y
I	I	E	M	P	J	Q	D	G	B	B	E	Z	I
F	A	A	N	T	I	Q	U	I	T	A	T	I	S

ANATOMIA
ANTIQUITATIS
BIOLOGY
BOTANICAM
CHEMIA
NEDERLANDICAE
IMMUNOLOGY
KINESIOLOGY
GRAMMATICA
MECHANICA
METEOROLOGY
NEUROLOGY
OECOLOGIA
PHYSIOLOGY
DUIS
SOCIOLOGIAE

29 - Vögel

K	Q	N	W	R	G	P	P	M	Q	G	M	A	Y
T	O	U	C	A	N	P	E	U	W	U	F	Q	P
Q	G	L	P	U	M	O	A	L	A	L	P	U	X
B	F	G	X	S	S	F	R	L	I	L	N	I	G
G	O	V	U	M	I	H	S	U	N	C	D	L	U
H	E	R	O	N	R	T	S	P	O	V	A	A	C
P	A	S	S	E	R	A	T	R	C	J	R	N	O
C	G	A	I	Q	H	X	K	A	I	R	R	A	R
U	D	N	M	T	L	C	J	U	C	T	W	W	V
C	K	S	T	V	A	X	E	T	J	U	T	S	U
K	P	E	W	E	N	N	L	C	I	T	S	A	S
O	L	R	V	O	X	V	A	O	V	A	P	D	C
O	N	E	X	O	Z	G	Q	N	A	E	D	D	T
G	J	M	O	D	Y	F	L	A	M	I	N	G	O

AQUILA
OVUM
ANATIS
NOCTUA
FLAMINGO
ANSEREM
PULLUM
GA
CORVUS
CUCKOO
GULL
PSITTACUS
PELICAN
PAVO
HERON
SWAN
PASSER
CICONIA
TOUCAN

30 - Garten

Y	S	J	F	H	Y	Y	Y	K	T	T	A	S	H
Z	S	Y	H	O	C	N	A	B	P	V	H	Q	A
L	C	K	M	S	K	D	L	V	L	S	O	S	M
S	E	R	F	E	I	N	M	Y	B	O	R	A	M
L	W	G	Q	C	K	I	O	V	U	L	H	R	O
Z	I	Z	A	N	I	A	A	D	S	O	E	C	C
X	F	M	U	R	T	U	R	R	H	B	R	U	K
K	Y	F	N	O	A	M	J	A	B	I	B	L	J
G	P	S	O	E	K	G	S	H	M	O	A	U	Y
J	X	M	T	F	L	O	S	C	J	F	R	M	P
P	L	N	E	U	U	A	R	R	S	E	P	E	M
H	P	O	G	W	M	B	H	O	R	T	U	S	P
C	H	B	E	A	J	W	Z	D	X	M	C	W	E
T	R	A	M	P	O	L	I	N	E	U	V	Q	R

BANCO
ARBOR
FLOS
SOLO
BUSH
GARAGE
HORTUS
HERBA
HAMMOCK

ORCHARD
SARCULUM
RUTRUM
HOSE
EGET
XYSTUM
TRAMPOLINE
ZIZANIA
SEPEM

31 - Antarktis

Y	C	S	F	L	E	E	H	M	G	R	Z	C	T
V	M	C	P	B	M	R	G	I	E	O	C	O	E
V	I	N	S	U	L	A	E	N	O	C	G	N	M
T	E	T	O	R	T	O	R	E	G	K	S	T	P
N	O	N	A	Q	U	A	H	R	R	Y	N	I	E
E	K	P	T	C	W	N	U	A	A	J	A	N	S
M	F	N	O	I	E	V	R	L	P	A	L	E	T
N	E	J	V	G	S	T	W	I	H	X	U	N	A
O	Y	M	N	D	R	G	E	B	I	U	S	S	S
R	R	K	S	Y	A	A	O	U	A	L	N	C	S
I	G	Y	N	J	P	H	P	S	L	N	I	C	E
V	F	U	P	C	L	N	E	H	B	V	N	C	V
N	M	I	G	R	A	T	I	O	I	N	E	U	A
E	B	A	Y	V	Q	S	K	J	W	A	P	M	L

BAY
ICE
ROCKY
GEOGRAPHIA
PENINSULA
INSULAE
CONTINENS
MIGRATIO
MINERALIBUS

TORTOR
TOPOGRAPHIA
ENVIRONMENT
AVES
CETE
AQUA
TEMPESTAS
VENTIS

32 - Fahren

B	S	N	S	I	Z	M	M	O	T	O	R	D	C
N	A	E	N	E	A	O	E	S	C	A	V	O	A
B	L	N	E	Q	A	T	E	M	U	D	E	L	U
R	U	Y	D	A	B	O	A	A	V	E	S	O	T
J	T	I	I	M	U	R	S	P	Q	T	T	R	E
C	E	N	C	H	A	C	I	X	R	A	I	Z	P
X	M	J	C	B	F	Y	M	H	H	T	B	F	E
G	A	R	A	G	E	C	N	X	J	I	U	D	D
C	L	P	N	C	A	L	N	U	E	R	L	A	E
V	G	A	I	T	N	E	C	I	L	E	U	C	S
C	U	N	I	C	U	L	U	M	B	L	M	A	T
D	N	R	J	O	H	B	L	M	Q	E	A	R	R
P	E	R	I	C	U	L	U	M	B	C	K	J	E
P	C	V	L	R	A	E	P	Y	I	N	P	Z	M

CAR
DUMETA
ESCA
PEDESTREM
GARAGE
VESTIBULUM
PERICULUM
CELERITATE
MAP
LICENTIA

DOLOR
MOTOR
MOTORCYCLE
AT
SALUTEM
NULLA
CUNICULUM
ACCIDENS
AENEAN
CAUTE

33 - Physik

E	E	V	Q	W	E	M	O	T	A	K	P	E	A
G	L	E	V	X	X	R	A	E	L	C	U	N	C
E	E	S	O	O	P	D	Q	S	J	J	I	G	C
T	C	T	R	L	E	L	A	B	S	L	K	I	E
J	T	I	D	U	R	X	S	M	Y	A	I	N	L
I	R	B	A	C	I	N	A	H	C	E	M	E	E
X	O	U	L	E	M	X	T	Q	N	V	S	W	R
N	N	L	U	L	E	X	I	Z	E	L	I	N	A
G	Q	U	M	O	N	Y	S	T	U	B	T	Q	T
R	O	M	R	M	T	E	N	N	Q	I	E	S	I
C	H	A	O	S	U	R	E	Z	E	K	N	T	O
U	C	K	F	Z	M	P	D	R	R	E	G	F	F
V	E	L	O	C	I	T	A	S	F	B	A	W	I
R	P	A	R	T	I	C	U	L	A	I	M	W	J

ATOM
ACCELERATIO
CHAOS
EGET
DENSITAS
ELECTRON
EXPERIMENTUM
FORMULA
FREQUENCY
VESTIBULUM
VELOCITAS
MAGNETISMI
MASSA
MECHANICA
MOLECULO
ENGINE
NUCLEAR
PARTICULA

34 - Bücher

H	C	A	R	M	I	N	A	V	C	Q	C	O	P
D	U	M	O	R	I	B	U	S	T	S	O	M	E
U	K	J	Z	L	D	R	O	T	C	E	L	V	R
A	E	M	U	R	A	R	E	T	T	I	L	D	T
L	F	H	W	S	C	R	G	T	X	R	E	I	I
I	A	L	I	U	M	H	A	R	E	E	C	N	N
T	B	B	C	S	D	O	P	Z	T	S	T	G	E
A	U	H	I	A	T	X	D	E	N	Z	I	E	T
T	L	N	G	C	D	O	D	I	O	K	O	N	J
E	A	U	A	N	E	M	R	A	C	B	B	I	S
M	W	Q	R	S	V	T	P	I	A	L	M	O	H
E	O	A	T	O	O	R	O	T	C	U	A	S	F
S	N	Q	U	V	N	T	C	L	N	A	X	U	M
S	C	R	I	P	T	U	M	S	N	Q	W	S	F

CASUS
AUCTOR
MORIBUS
DUALITATEM
INGENIOSUS
CARMEN
FABULA
SCRIPTUM
HISTORICA
HUJUSMODI
COLLECTIO
CONTEXT
LECTOR
LITTERARUM
CARMINA
PERTINET
NOVE
PAGE
SERIES
TRAGICI

35 - Menschlicher Körper

N	E	C	O	R	D	N	V	W	G	G	T	T	S
T	O	U	W	O	I	M	A	X	I	L	L	A	A
S	I	R	U	A	G	T	F	V	A	K	M	U	N
U	B	S	E	Q	I	D	U	N	G	Q	W	G	G
T	M	J	F	F	T	Q	M	S	P	I	E	N	U
I	U	V	N	M	U	T	N	E	M	D	I	I	I
B	R	P	H	E	S	N	U	J	A	F	A	L	N
U	E	Z	A	I	U	Q	E	T	N	G	S	A	E
C	M	H	B	C	B	M	L	G	U	V	U	B	M
O	U	W	L	A	I	E	J	K	T	A	R	S	O
L	H	S	R	F	R	L	B	G	Z	D	C	I	V
L	E	E	S	X	A	K	X	R	Q	K	N	T	K
U	A	J	L	F	N	N	Z	Z	Y	J	N	U	N
M	U	R	B	E	R	E	C	N	T	Q	P	C	S

CRUS
SANGUINEM
CUBITUS
DIGITUS
CEREBRUM
FACIEM
COLLUM
MANU
CUTIS
COR
MAXILLA
MENTUM
GENU
TARSO
CAPUT
ORE
NARIBUS
AURIS
HUMERUM
LINGUA

36 - Landschaften

V	L	Y	Z	S	I	L	L	A	V	N	O	C	K
P	J	T	R	E	I	C	A	L	G	N	L	A	W
F	A	G	R	E	B	E	C	I	I	L	B	V	T
B	L	L	T	F	V	Y	U	T	P	H	A	E	T
K	M	U	U	X	R	W	S	M	E	T	N	O	M
L	H	Z	M	S	H	C	G	D	N	B	S	N	X
F	C	T	C	E	T	A	E	E	I	P	I	A	Q
M	A	R	E	H	N	T	Y	S	N	J	M	C	P
E	E	U	W	P	Y	A	S	E	S	L	T	L	Z
E	B	S	W	A	T	R	E	R	U	G	U	O	A
Y	S	I	N	U	M	A	R	T	L	T	N	V	Q
I	N	S	U	L	A	C	Q	O	A	G	D	I	W
D	Q	A	P	Y	A	T	V	A	L	D	R	S	V
I	Q	O	T	C	E	A	L	H	M	Q	A	H	H

MONTEM
ICEBERG
FLUMEN
GEYSER
GLACIER
SINUM
PENINSULA
CAVE
HILL
INSULA

MARE
OASIS
LACUS
BEACH
PALUS
CONVALLIS
TUNDRA
VOLCANO
CATARACTA
DESERTO

37 - Abenteuer

N	F	P	R	A	E	P	A	R	A	T	I	O	P
O	M	O	L	G	P	Y	Z	P	U	L	O	G	E
V	Q	U	R	V	D	U	A	J	M	H	N	T	R
U	A	Y	I	T	R	K	T	A	E	M	X	M	I
M	M	M	D	D	E	V	I	R	T	U	T	E	C
Z	X	K	I	U	U	G	L	U	U	R	A	N	U
V	C	N	S	C	A	T	O	T	L	I	S	O	L
A	C	T	I	O	I	A	S	A	A	M	B	I	O
H	C	F	X	O	T	S	N	N	S	M	R	S	S
L	G	R	X	M	M	U	I	D	U	A	G	A	U
N	A	V	I	G	A	T	I	O	N	E	M	C	M
P	U	L	C	H	R	I	T	U	D	O	X	C	L
I	T	I	N	E	R	A	R	I	U	M	P	O	J
D	I	F	F	I	C	U	L	T	A	S	U	R	W

ACTIO
STUDIUM
FORTE
GAUDIUM
AMICIS
PERICULOSUM
OCCASIONEM
NATURA
NAVIGATIONEM
NOVUM
ITINERARIUM
PULCHRITUDO
DIFFICULTAS
SALUTEM
VIRTUTE
INSOLITA
MIRUM
PRAEPARATIO

38 - Flugzeuge

H	P	O	R	L	U	H	C	T	R	E	C	A	B
I	I	T	E	W	L	M	P	J	O	K	O	E	A
N	F	S	U	B	T	L	B	E	T	A	N	R	L
F	E	B	T	I	V	A	T	N	A	C	S	I	L
L	R	G	E	O	T	N	L	M	N	S	T	S	O
A	O	S	T	I	R	U	N	U	R	E	R	D	O
M	C	E	C	X	J	I	G	I	E	A	U	E	N
U	I	N	E	Q	B	N	A	L	B	L	C	S	A
S	A	G	S	S	W	Q	E	I	U	T	T	C	C
G	M	I	N	C	A	S	U	S	G	I	I	E	A
G	B	N	O	I	R	Z	V	N	J	T	O	N	E
K	Y	E	C	W	P	B	V	O	C	U	N	S	L
N	A	V	I	G	A	R	E	C	Z	D	E	U	U
T	R	A	N	S	E	U	N	T	E	O	W	S	M

CASUS
DESCENSUS
AERIS
INFLAMUS
BALLOON
ESCA
CANTAVIT
CONSILIUM
HISTORIA
CAELUM

ALTITUDO
CONSTRUCTIONE
AER
ENGINE
NAVIGARE
TRANSEUNTE
GUBERNATOR
FEROCIAM
CONSECTETUER

39 - Haartypen

C	N	B	F	G	D	A	C	T	S	A	N	U	S
I	J	R	T	F	E	F	O	T	E	T	A	D	A
N	U	O	H	T	N	G	L	P	O	N	W	Q	B
C	F	W	Y	C	I	R	O	P	T	R	U	N	S
I	N	N	I	A	Q	A	R	F	J	M	T	I	U
N	I	T	I	L	U	Y	A	L	O	A	K	I	S
N	G	E	R	V	E	S	T	A	F	I	X	R	S
I	R	M	R	U	I	S	U	V	N	K	T	M	A
S	U	J	O	S	M	A	M	I	Z	X	C	R	R
U	M	B	G	L	J	Q	S	S	J	Z	B	B	C
R	Q	Y	A	Y	L	A	R	G	E	N	T	U	M
C	V	M	U	C	C	I	S	A	L	B	U	S	S
L	E	N	I	S	R	L	S	U	P	S	I	R	C
M	I	H	D	U	V	Q	I	U	E	X	Z	Z	C

FLAVIS
BROWN
CRASSUS
TENUIS
COLORATUM
TORTIS
SANUS
LENIS
CRUS
GRAY

CALVUS
DENIQUE
DIU
CINCINNIS
CRISPUS
NIGRUM
ARGENTUM
SICCUM
MOLLIS
ALBUS

40 - Essen #1

H	U	G	G	D	O	E	Z	Z	P	O	N	N	C
O	Y	N	N	A	T	Z	L	C	L	S	D	S	A
C	G	S	M	U	B	I	C	J	Q	E	S	P	P
S	A	L	W	C	P	A	L	J	K	O	L	I	U
R	P	E	X	U	E	V	F	E	F	Q	Z	N	L
H	E	E	Y	S	M	Y	T	L	J	W	H	A	U
M	C	J	H	Z	P	I	R	U	M	N	O	C	S
R	L	K	K	X	G	V	M	P	D	B	R	H	O
A	T	O	S	U	I	L	I	S	A	B	D	K	R
G	L	U	L	E	M	O	N	U	P	N	E	B	E
U	G	L	M	Q	E	K	B	C	A	L	U	D	X
S	W	E	I	F	S	O	W	U	R	R	M	T	S
L	J	R	W	U	P	V	A	S	C	R	A	G	E
W	X	I	L	Q	M	U	G	A	R	F	U	F	M

BASILIUS
PIRUM
FRAGUM
EROS
CIBUM
HORDEUM
CAPULUS
DAUCUS
ALLIUM
LAC
RAPA
SUCUS
SEM
SAL
SPINACH
ELIT
TUNA
LEMON
SUGAR
CEPA

41 - Ethik

M	P	W	T	Z	X	B	P	J	U	D	S	H	R
I	H	M	E	T	A	T	I	N	G	I	D	U	A
S	I	P	U	S	B	O	D	Z	V	P	S	M	T
E	L	Y	Q	P	P	O	M	B	Q	L	U	A	I
R	O	B	S	O	U	E	N	Q	P	O	M	N	O
I	S	H	I	S	U	K	N	A	P	M	S	I	N
C	O	P	U	C	J	C	W	S	H	A	I	T	A
O	P	P	Q	R	M	S	I	U	R	T	L	A	B
R	H	D	Z	D	T	F	O	F	Q	I	A	T	I
D	I	K	H	S	R	K	Q	E	T	C	E	I	L
I	A	I	T	N	E	I	T	A	P	A	R	S	E
A	H	M	R	O	I	T	N	E	R	E	V	E	R
M	M	I	S	E	R	I	C	O	R	D	I	A	U
H	O	N	E	S	T	A	T	I	S	E	D	C	R

ALTRUISM
DIPLOMATICAE
HONESTATIS
MISERICORDIAM
PATIENTIA
QUISQUE
HUMANITATIS
MISERICORDIA

SPE
PHILOSOPHIA
REALISMUS
REVERENTIOR
RATIONABILE
BONA
DIGNITATEM

42 - Gebäude

F	D	O	M	U	S	E	B	C	E	I	P	K	Z
L	O	T	U	R	R	I	S	A	L	O	H	M	Q
E	Y	R	O	T	C	A	F	M	L	Q	Q	U	D
G	Y	J	U	U	V	B	L	E	T	O	H	L	Y
A	N	B	R	M	G	G	G	R	X	G	H	U	T
T	H	O	R	R	E	U	M	A	O	A	S	C	I
I	B	N	K	A	Z	I	W	M	L	Z	T	A	S
O	A	D	H	F	M	U	S	E	U	M	A	N	R
N	K	N	R	B	X	X	N	C	E	O	D	R	E
E	G	A	R	A	G	S	K	U	J	X	I	E	V
M	T	H	E	A	T	R	U	M	L	L	U	B	I
H	O	S	P	I	T	A	L	I	S	L	M	A	N
H	O	S	P	I	C	I	O	P	T	O	A	T	U
O	B	S	E	R	V	A	T	O	R	I	U	M	Q

FARM
LEGATIONEM
FACTORY
GARAGE
DOMUS
HOSPICIO
HOTEL
CAMERAM
HOSPITALIS
NULLA
MUSEUM
OBSERVATORIUM
HORREUM
SCHOLA
STADIUM
FORUM
THEATRUM
TURRIS
UNIVERSITY
TABERNACULUM

43 - Angeln

X	J	F	A	I	T	N	E	I	T	A	P	M	A
S	M	U	N	A	E	C	O	L	Z	I	A	A	P
Y	F	X	P	F	M	U	L	I	F	F	B	X	P
C	R	O	F	Z	P	P	O	N	D	U	S	I	A
E	A	D	F	U	O	Q	M	F	W	I	G	L	R
V	C	N	L	P	R	W	A	Y	L	A	O	L	A
M	S	E	I	K	U	S	H	Y	X	U	F	A	T
D	E	G	J	S	M	I	A	K	L	U	M	S	U
A	M	U	B	B	T	E	K	X	C	N	O	E	D
C	W	A	V	G	G	R	Q	K	O	A	L	C	N
A	F	U	K	O	S	K	U	J	Q	V	A	H	A
N	U	Q	Q	H	C	V	V	M	U	I	C	N	V
B	R	A	N	C	H	I	A	S	E	Y	U	B	S
B	E	A	C	H	G	M	M	O	S	C	S	I	Z

APPARATU
NAVI
FILUM
FLUMEN
PATIENTIA
PONDUS
HAMO
TEMPORUM
MAXILLA

BRANCHIAS
COQUES
CANISTRUM
ESCA
OCEANUM
LACUS
BEACH
AUGENDO
AQUA

44 - Essen #2

S	C	E	L	E	R	I	S	Q	U	E	O	G	O
M	U	L	L	U	P	A	C	X	F	E	V	V	X
A	P	P	L	E	S	S	K	Q	W	X	U	H	Z
H	V	V	S	B	E	F	I	B	M	P	M	U	L
T	C	U	I	U	C	I	G	Q	S	X	M	M	L
Y	X	X	E	G	S	O	Q	Y	U	A	F	B	A
G	A	M	M	D	I	A	L	G	E	N	T	E	M
D	P	Q	U	U	P	L	R	R	S	Q	R	N	T
Q	Q	W	I	Q	V	B	A	E	A	W	U	A	R
E	G	G	P	L	A	N	T	N	C	J	G	P	I
A	S	P	A	R	A	G	U	S	T	R	O	A	C
F	U	N	G	O	R	U	M	H	A	E	Y	N	E
T	R	I	T	I	C	U	M	A	K	K	M	E	D
C	A	C	T	U	S	T	R	Q	D	X	U	M	V

APPLE
CACTUS
EGGPLANT
ALGENTEM
PANEM
OVUM
PISCES
PULLUM
YOGURT
CASEUS
CERASUS
VIGILANTEM
FUNGORUM
RICE
HAM
SCELERISQUE
APIUM
ASPARAGUS
UVA
TRITICUM

45 - Energie

Y	R	E	U	T	E	T	C	E	S	N	O	C	I
U	E	L	B	A	W	E	N	E	R	V	O	A	N
E	C	A	L	O	R	R	S	H	F	E	J	R	D
N	S	O	L	U	I	G	K	C	Z	N	P	B	U
I	U	U	T	A	Y	Z	A	L	A	T	P	O	S
B	A	C	E	J	J	G	N	S	G	U	G	Z	T
R	G	S	L	T	I	I	G	Y	O	S	H	D	R
U	M	S	K	E	A	E	U	L	M	L	N	G	I
T	O	R	Q	X	A	J	P	B	S	K	I	T	A
J	T	K	X	N	O	R	T	C	E	L	E	N	J
N	O	T	O	H	P	O	L	L	U	T	I	O	E
C	R	E	N	V	I	R	O	N	M	E	N	T	G
D	V	F	F	L	E	N	T	R	O	P	Y	R	C
P	J	G	U	L	T	R	I	C	E	S	A	P	F

PUGNA
GASOLINE
ESCA
ULTRICES
ELECTRON
ENTROPY
RENEWABLE
CALOR
INDUSTRIA
CARBO

MOTOR
NUCLEAR
PHOTON
SOL
TURBINE
ENVIRONMENT
POLLUTIO
CONSECTETUER
VENTUS

46 - Familie

C	S	Z	Z	P	I	M	D	F	M	R	S	F	Z
I	O	Z	A	U	I	T	R	G	A	C	R	U	I
Q	P	G	N	E	N	G	F	S	T	Q	S	G	E
G	E	A	N	R	R	B	I	K	E	Q	M	L	B
P	N	X	D	A	E	W	L	R	R	A	N	N	P
P	H	C	Q	I	T	U	I	L	N	R	W	G	A
F	A	S	U	V	A	A	I	T	O	E	P	H	T
R	L	T	M	A	P	U	E	R	I	T	I	A	R
A	G	M	E	M	A	T	E	R	W	R	V	E	U
T	S	Y	K	R	U	X	O	R	X	E	R	P	U
E	N	E	P	T	I	S	R	K	X	T	U	C	S
R	R	V	D	Y	E	V	A	O	I	A	A	B	E
A	N	C	E	S	T	O	R	N	Z	M	W	S	S
S	O	R	O	R	H	A	Q	F	I	L	I	A	M

FRATER
UXOR
VIR
AVIA
AVUS
PUER
FILII
PUERITIA
MATER
MATERNO

NEPOS
NEPTIS
PATRUUS
SOROR
MATERTERA
FILIA
PATER
PATERNI
COGNATA
ANCESTOR

47 - Pflanzen

S	U	T	R	O	H	M	U	I	L	O	F	B	V
O	T	K	L	L	V	A	U	K	U	G	P	E	P
L	N	E	U	R	S	E	Q	S	D	J	S	R	E
F	F	D	R	W	R	R	I	R	C	N	U	R	T
Z	L	N	P	C	W	G	U	I	D	U	W	Y	A
R	O	O	K	P	O	A	R	B	O	R	S	P	L
F	R	R	A	O	A	R	B	E	A	N	D	R	O
B	A	F	R	I	I	E	A	R	E	D	E	H	R
O	U	C	A	C	T	U	S	T	H	B	R	C	U
C	Z	S	V	Y	N	N	S	X	E	A	A	N	M
P	A	Y	H	O	E	C	T	P	R	M	D	Z	A
L	Y	L	Z	Q	R	S	C	C	B	B	I	O	B
Q	A	J	T	C	I	E	W	U	A	O	X	Z	Y
G	Q	E	O	A	V	L	I	S	J	O	T	U	K

BAMBOO
ARBOR
BERRY
FOLIUM
FLOS
PETALORUM
BEAN
BUSH
STERCORAT
HEDERA
FLORA
HORTUS
HERBA
CACTUS
FRONDE
MUSCUS
VIRENTIA
SILVA
RADIX

48 - Gewürze

W	Q	Z	P	R	M	E	R	O	P	A	S	I	G
P	I	P	E	R	C	F	Y	F	U	E	I	T	I
T	S	V	F	F	S	U	C	O	R	C	C	F	N
O	B	E	B	M	S	T	R	V	U	C	L	U	G
T	F	P	T	X	R	A	H	R	S	E	U	I	I
A	P	E	C	S	P	R	L	C	Y	P	D	I	B
M	U	D	I	C	A	A	N	L	X	A	M	R	E
O	D	J	B	V	L	M	U	I	L	L	A	D	R
M	R	H	T	N	L	A	W	I	Y	R	G	N	K
U	L	A	I	E	I	L	U	C	I	N	E	A	F
M	U	H	T	E	N	A	L	X	A	T	V	I	Z
Q	M	X	K	E	A	K	I	R	P	A	P	R	I
E	A	Z	Z	D	V	N	U	T	M	E	G	O	X
L	I	Q	U	I	R	I	T	I	A	E	B	C	H

ANETHUM
AMARA
PURUS
CURRY
FAENICULI
SAPOREM
GINGIBER
AMOMUM
ALLIUM
CORIANDRI
LIQUIRITIAE
NUTMEG
PAPRIKA
PIPER
CROCUS
SAL
ACIDUM
DULCIS
VANILLA
CEPA

49 - Kreativität

V	L	X	T	V	O	K	I	V	A	A	U	M	P
G	U	I	J	Q	D	W	N	Q	R	N	R	H	H
I	I	Y	A	W	T	R	T	B	T	X	L	T	G
I	M	M	P	P	K	E	U	G	I	M	W	W	E
N	E	P	A	K	D	L	I	S	S	Q	C	S	A
T	T	T	R	G	S	A	T	I	R	A	L	C	K
E	A	R	D	E	O	S	U	T	C	E	F	F	A
N	T	A	E	I	S	E	M	U	S	N	E	S	Q
S	I	G	R	S	S	S	E	N	O	I	S	I	V
I	D	I	S	U	S	O	I	N	E	G	N	I	N
O	I	C	B	O	D	W	J	O	Y	O	B	Z	C
N	U	U	F	A	E	N	A	T	N	O	P	S	F
E	L	S	V	I	T	A	L	E	R	E	M	K	Z
M	F	E	X	P	R	E	S	S	I	O	M	C	J

EXPRESSIO
IMAGO
TRAGICUS
IMPRESSIONEM
INGENIOSUS
ARTE
FLUIDITATEM
AFFECTUS
INTENSIONEM
INTUITUM
CLARITAS
ARTIS
SENSUM
SPONTANEA
VISIONES
VITALE

50 - Geschäft

T	T	X	V	L	I	N	Æ	T	E	N	O	M	C
E	R	A	N	S	A	L	U	C	R	U	M	E	U
G	Y	I	B	J	B	D	L	Q	Z	I	L	R	R
D	W	V	B	E	O	C	I	Z	K	Q	W	C	R
U	L	X	P	U	R	F	Y	S	R	Y	G	E	I
B	W	I	X	A	T	N	U	X	C	R	P	S	C
A	D	H	I	B	E	A	A	L	B	O	Y	A	U
O	F	F	I	C	I	U	M	M	G	T	U	I	L
P	R	O	C	U	R	A	T	O	R	C	Y	N	O
M	O	L	E	S	T	I	E	E	L	A	S	N	T
R	E	D	I	T	U	S	S	B	H	F	K	S	A
Y	X	P	E	C	U	N	I	A	I	I	W	E	J
D	I	C	O	:	S	U	M	P	T	U	S	K	Y
N	I	K	D	I	G	N	I	S	S	I	M	L	F

DICO:
BUDGET
OFFICIUM
REDITUS
FACTORY
PECUNIA
TABERNAM
LUCRUM
DIGNISSIM
CURRICULO

SUMPTUS
PROCURATOR
MOLESTIE
DISCOUNT
TRIBUTA
ADHIBE
SALE
MERCES
MONETÆ

51 - Ingenieurwesen

C	P	F	V	M	O	T	O	R	X	U	S	D	C
J	D	R	O	E	Y	Y	D	O	S	H	T	I	O
A	I	B	O	R	C	J	A	X	I	S	R	S	N
P	A	B	D	P	T	T	U	K	M	G	U	T	S
P	M	A	I	T	E	I	I	V	X	D	C	R	T
A	J	O	A	Y	I	L	T	U	D	Y	T	I	R
R	A	Q	G	C	T	K	L	U	M	T	U	B	U
A	Y	J	R	P	G	V	Y	E	D	Q	R	U	C
T	G	M	A	U	Q	I	L	A	N	O	A	T	T
U	U	J	M	L	I	Q	U	I	D	T	W	I	I
S	V	E	S	T	I	B	U	L	U	M	E	O	O
P	E	L	L	E	N	T	E	S	Q	U	E	M	N
S	T	A	B	I	L	I	T	A	T	E	M	Z	E
P	R	O	F	U	N	D	U	M	A	N	N	I	W

AXIS
PROPELLENTEM
DIAGRAM
PELLENTESQUE
DIAM
VESTIBULUM
LIQUID
ANNI
VECTIUM
CONSTRUCTIONE
APPARATUS
ALIQUAM
MOTOR
STABILITATEM
FORTITUDO
STRUCTURA
PROFUNDUM
DISTRIBUTIO

52 - Kaffee

O	N	I	G	R	U	M	L	O	Z	T	V	S	O
B	R	C	C	Y	B	K	I	X	Y	E	A	U	Q
E	X	I	C	J	R	N	Q	S	F	R	R	G	N
C	L	Q	G	L	G	A	U	Q	A	E	I	A	Y
I	V	M	A	O	R	N	I	F	V	N	E	R	S
P	R	E	T	I	U	M	D	H	O	A	T	K	B
C	Q	C	M	Y	T	U	A	L	C	M	A	K	L
K	T	I	A	H	N	S	L	Z	R	O	T	Y	G
I	Q	L	U	U	U	S	U	I	E	B	E	C	K
N	T	A	C	T	G	A	R	A	M	A	E	Y	R
U	E	C	U	U	R	P	A	Z	O	C	Z	W	F
T	R	B	N	V	A	C	B	G	R	E	U	I	R
G	G	G	F	N	P	S	A	P	O	R	E	M	Y
D	R	P	B	I	S	U	I	L	U	J	O	X	K

AMARA
CREMOR
SPARGUNTUR
LIQUID
ASSUM
SAPOREM
JULIUS
TERE
LAC
MANE
PRETIUM
NIGRUM
CALICEM
ORIGO
VARIETATE
AQUA
SUGAR

53 - Gemüse

R	N	W	Y	R	G	C	S	O	A	S	Y	A	P
A	Z	H	A	N	B	I	A	K	A	P	E	C	I
D	Z	U	N	T	Z	V	N	C	K	M	F	M	S
I	S	P	I	N	A	C	H	G	T	O	L	U	U
C	A	V	Y	A	C	L	I	B	I	U	A	I	M
U	L	T	O	L	L	A	H	S	F	B	S	P	A
L	G	F	N	P	B	T	Z	B	W	Q	E	A	L
A	E	U	I	G	O	I	V	S	A	P	A	R	L
B	N	N	K	G	G	B	A	O	K	H	V	A	I
P	T	G	B	E	Q	R	O	C	T	B	I	W	U
P	E	O	C	U	C	U	M	I	S	L	L	Z	M
K	M	R	Y	R	N	C	O	A	A	V	O	S	P
Q	F	U	U	W	S	U	C	U	A	D	I	C	P
Q	V	M	B	N	A	C	I	S	S	A	R	B	F

CACTUS
EGGPLANT
BRASSICA
ALGENTEM
PISUM
CUCUMIS
GINGIBER
DAUCUS
ALLIUM
CUCURBITA
OLIVAE
FUNGORUM
RADICULA
RAPA
SEM
SHALLOT
APIUM
SPINACH
CEPA

54 - Schönheit

K	P	R	L	C	L	L	Q	A	S	X	X	I	S
A	I	T	A	R	G	A	I	C	I	F	F	O	T
M	U	L	U	C	E	P	S	P	U	K	B	S	I
E	E	I	V	Y	C	E	C	I	S	Q	O	S	B
T	O	R	T	V	H	X	A	U	K	T	G	A	I
H	D	D	O	C	O	L	O	R	T	S	I	I	O
E	O	U	T	P	T	V	S	D	S	I	N	C	I
N	R	D	M	D	E	F	U	F	T	N	S	I	K
C	B	N	I	S	U	L	X	C	Y	N	N	X	L
S	H	A	M	P	O	O	T	Z	L	I	A	A	E
E	L	E	G	A	N	T	I	A	I	C	G	K	N
C	O	N	V	A	L	L	I	S	S	N	E	L	I
R	S	O	O	V	Y	L	L	I	T	I	L	C	S
Z	Q	U	Y	A	L	K	F	D	F	C	E	Z	W

GRATIA
LEPOREM
OFFICIA
ODOR
ELEGANS
ELEGANTIA
COLOR
AMET
LENIS

CUTIS
STIBIO
LIPSTICK
CINCINNIS
AXICIA
SHAMPOO
SPECULUM
STYLIST
CONVALLIS

55 - Tanzen

C	A	S	M	C	C	T	E	S	U	T	O	M	F
L	F	T	R	U	U	R	G	M	O	G	O	U	T
A	F	A	E	L	L	A	C	R	U	C	G	A	F
S	E	T	S	T	T	D	O	T	A	S	I	W	I
S	C	U	O	U	U	I	R	I	H	T	I	U	P
I	T	R	R	R	R	T	P	L	P	M	I	C	M
C	U	A	E	A	A	U	U	P	C	G	L	A	A
A	S	M	M	L	E	M	S	V	I	S	U	A	L
L	P	I	U	A	A	C	A	D	E	M	I	A	E
M	U	D	N	E	S	N	E	C	E	R	N	M	N
M	J	K	P	T	C	A	Y	N	U	F	S	N	P
B	W	D	R	A	H	Z	W	U	V	L	T	I	B
C	H	O	R	E	O	G	R	A	P	H	Y	L	Q
E	X	P	R	E	S	S	I	V	U	M	P	Q	U

ACADEMIAE
GRATIA
EXPRESSIVUM
MOTUS
CHOREOGRAPHY
AFFECTUS
LAETA
STATURAM
CLASSICAL
CORPUS
CULTURA
CULTURAE
ES
MUSICA
SOCIUM
RECENSENDUM
NUMERO
TRADITUM
VISUAL

56 - Ernährung

P	O	N	D	U	S	C	I	B	U	S	T	U	S
C	A	C	E	G	N	I	C	S	I	P	I	D	A
O	P	A	D	A	V	N	P	A	M	M	X	C	P
N	P	R	U	N	E	K	K	M	M	B	N	O	O
C	E	B	L	C	J	T	P	U	D	A	F	N	R
O	T	O	I	S	A	L	U	T	E	M	R	T	E
C	I	H	S	A	J	L	S	N	S	U	Q	A	M
T	T	Y	D	G	R	X	A	E	E	T	U	C	U
I	U	D	O	I	N	O	N	M	R	N	A	B	T
O	S	R	A	P	E	Z	U	I	V	E	L	T	A
N	P	A	G	M	M	T	S	D	O	M	I	Q	R
E	W	T	P	Y	G	N	M	N	S	R	T	Z	B
M	A	E	T	O	X	I	N	O	S	E	A	H	I
V	P	S	V	K	G	M	K	C	C	F	S	X	L

APPETITUS
LIBRATUM
AMARA
DIET
EDULIS
FERMENTUM
SAPOREM
SANUS
SALUTEM
PONDUS

ADIPISCING
CARBOHYDRATES
CIBUS
PARS
SERVO
QUALITAS
CONDIMENTUM
TOXIN
CONCOCTIONEM

57 - Länder #1

W	A	I	N	A	M	O	R	A	S	J	M	N	N
F	I	N	L	A	N	D	M	G	X	F	V	O	F
C	L	M	A	L	I	W	P	E	T	H	A	R	E
A	A	S	O	S	J	C	K	R	L	E	M	W	A
E	G	N	G	R	N	F	Y	M	B	W	A	A	L
G	E	K	A	H	L	E	H	A	R	S	I	Y	O
Y	N	J	G	D	L	T	A	N	A	I	D	N	I
P	E	D	V	X	A	H	A	I	Z	N	O	P	T
T	S	A	I	L	A	T	I	A	I	M	B	O	E
O	A	I	N	A	P	S	I	H	L	G	M	L	N
I	V	V	V	I	E	T	N	A	M	R	A	O	E
D	R	T	X	F	V	S	V	J	N	W	C	N	V
D	A	A	U	G	A	R	A	C	I	N	X	I	I
N	Z	L	Q	B	Y	E	T	R	F	B	S	A	S

AEGYPTO
BRAZIL
GERMANIA
FINLAND
INDIA
IRAQ
ISRAHEL
ITALIA
CAMBODIA
CANADA
LATVIA
MALI
NICARAGUA
NORWAY
POLONIA
ROMANIA
SENEGALIA
HISPANIA
VENETIOLA
VIETNAM

58 - Wasser

N	E	E	I	Y	Z	M	U	I	V	U	L	I	D
U	I	T	J	R	D	Z	I	R	E	S	Y	E	G
H	D	X	E	T	O	M	M	R	O	U	H	F	D
M	I	N	B	S	V	U	B	I	I	C	E	L	R
P	I	G	H	Q	I	N	E	G	T	A	O	U	I
T	R	H	B	N	Y	A	R	A	A	L	R	M	N
N	U	O	D	Q	M	E	Y	T	R	D	G	E	K
Z	X	J	C	M	Q	C	F	I	O	Y	Q	N	A
J	B	Z	B	E	F	O	R	O	P	A	V	N	B
S	U	T	C	U	L	F	S	N	A	G	M	S	L
P	L	U	V	I	A	L	J	E	V	E	N	Q	E
H	U	M	I	D	O	Y	A	S	E	L	A	I	F
C	A	N	A	L	I	S	K	E	B	U	A	T	P
H	U	M	I	D	I	T	A	S	U	T	U	G	F

IRRIGATIONES
VAPOR
IMBER
ICE
HUMIDO
HUMIDITAS
FLUMEN
DILUVIUM
GELU
GEYSER
PROCELLAE
CANALIS
ETESIA
OCEANUM
PLUVIA
NIX
LACUS
DRINKABLE
EVAPORATIO
FLUCTUS

59 - Science Fiction

X	E	S	U	C	I	M	O	T	A	M	I	S	C
D	Y	X	P	N	R	S	M	J	A	U	G	U	O
Y	C	F	T	D	X	E	U	T	V	N	N	S	N
S	V	U	O	R	J	P	P	O	Z	D	I	P	S
T	R	T	R	Z	E	Z	L	I	O	I	S	E	C
O	C	U	A	C	T	M	I	S	T	B	O	N	R
P	H	R	C	Q	N	A	A	A	G	U	I	D	I
I	E	I	U	B	A	T	T	N	J	Q	S	I	P
A	M	S	L	I	T	H	E	D	U	D	U	S	S
I	I	T	U	I	S	K	N	D	A	L	L	S	E
P	C	I	M	A	I	X	A	L	A	G	L	E	R
O	A	C	M	M	D	S	L	S	R	H	I	A	I
T	L	D	F	C	M	V	P	X	G	M	E	T	T
U	S	A	R	C	A	N	U	M	O	T	E	A	D

ATOMICUS
CHEMICALS
DYSTOPIA
CREPITUS
EXTREMA
SUSPENDISSE
DISTANT
IGNIS
FUTURISTIC
GALAXIA
ARCANUM
ILLUSIO
ORACULUM
PLANETA
CONSCRIPSERIT
NULLA
UTOPIA
MUNDI

60 - Haustiere

F	A	P	Y	P	P	U	P	X	Z	F	K	O	P
S	Y	S	I	L	E	F	N	Q	O	I	R	S	I
J	D	I	S	N	T	I	I	G	M	X	E	L	S
L	E	T	X	M	R	O	N	S	U	M	Z	C	C
W	Q	T	K	E	G	H	K	G	R	I	K	O	E
D	Y	A	D	U	A	C	S	J	O	B	B	M	S
N	J	C	R	Q	J	Q	I	V	L	U	R	U	A
L	Q	U	U	R	V	U	J	W	C	U	B	B	S
C	A	S	T	O	H	I	R	C	U	M	O	I	U
P	A	C	D	T	R	I	G	F	U	W	G	C	P
Y	T	N	E	N	P	A	W	Y	A	E	B	Q	E
F	N	H	I	R	T	U	R	T	U	R	O	U	L
G	Y	W	W	S	T	Q	T	X	R	P	S	N	H
B	G	S	U	I	R	A	N	I	R	E	T	E	V

LACERTA
CIBUM
PISCES
LEPUS
CANIS
FELIS
TORQUEM
UNGUIBUS
BOS

LORUM
MUS
PSITTACUS
TURTUR
CAUDA
VETERINARIUS
AQUA
PUPPY
HIRCUM

61 - Literatur

C	C	A	N	U	Y	K	O	D	C	Q	A	W	M
R	O	T	C	U	A	H	R	T	O	S	R	G	E
Y	D	N	A	A	M	B	F	H	N	I	G	E	T
C	I	O	C	L	H	E	V	F	C	M	U	N	A
A	A	I	S	L	B	U	R	D	O	I	M	U	P
R	L	T	Y	E	U	Y	A	O	R	L	E	S	H
M	O	P	A	B	H	S	C	J	D	I	N	A	O
E	G	I	H	A	T	C	I	F	A	T	T	W	R
N	U	R	V	F	W	Y	T	O	R	U	U	J	A
U	S	C	P	I	T	V	E	N	E	D	M	N	Q
Z	B	S	D	N	T	T	O	G	V	O	G	N	W
L	A	E	F	I	L	A	P	P	O	W	Z	B	I
A	I	D	E	O	G	A	R	T	N	I	J	Y	Z
E	A	N	A	L	Y	S	I	S	S	T	Y	L	E

SIMILITUDO
ANALYSIS
FABELLA
AUCTOR
DESCRIPTION
VITA
DIALOGUS
FICTA
CARMEN
GENUS

METAPHORA
POETICA
CONCORDARE
NUMERO
NOVE
CONCLUSIO
STYLE
ARGUMENTUM
TRAGOEDIA

62 - Wandern

G	X	M	C	A	S	T	R	A	Y	E	A	P	C
O	R	X	S	U	N	R	E	B	A	T	Q	A	A
R	T	A	O	Q	I	D	K	P	F	O	Z	R	E
I	W	E	V	A	F	E	R	A	T	I	A	C	L
E	N	Q	M	I	S	P	X	I	S	T	D	I	I
N	D	O	E	P	S	E	D	I	P	A	L	S	E
T	B	X	T	N	E	M	L	U	C	R	P	O	L
A	C	Z	N	A	C	S	U	S	S	A	L	O	S
T	A	R	O	T	U	C	T	B	H	P	D	P	J
I	D	K	M	U	D	K	A	A	Q	E	Q	P	H
O	I	Z	C	R	A	Z	S	Q	S	A	B	U	G
N	A	I	L	A	M	I	N	A	M	R	N	E	A
E	H	F	F	W	F	Z	K	L	K	P	Z	W	G
D	W	P	U	K	R	M	M	A	P	N	E	Z	Z

MONTEM
CASTRA
DUCES
CULMEN
MAP
CAELI
LASSUS
NATURA
ORIENTATION
PARCIS

GRAVIS
SOL
LAPIDES
TABERNUS
ANIMALIA
PRAEPARATIO
AQUA
TEMPESTAS
FERA

63 - Länder #2

D	F	W	D	C	P	B	I	Y	S	R	H	J	N
A	N	A	I	R	E	B	I	L	Y	L	I	A	I
N	M	L	I	Q	K	N	T	G	R	A	B	M	G
I	P	W	Y	P	Q	I	W	H	I	O	E	A	E
A	F	O	T	R	O	O	Z	O	A	S	R	I	R
E	D	B	E	A	N	I	A	R	C	U	N	C	I
S	U	D	A	N	I	A	H	Y	U	H	I	A	A
G	R	A	E	C	I	A	M	T	N	S	A	I	B
A	L	B	A	N	I	A	O	J	E	A	S	T	T
K	A	D	L	W	U	T	C	I	P	A	J	I	N
P	E	M	G	A	L	L	I	A	A	R	A	A	A
A	D	N	A	G	U	Q	X	I	L	J	P	H	V
Z	T	R	Y	E	K	J	E	Q	L	R	A	X	P
N	B	W	Q	A	J	V	M	Y	F	V	N	D	K

ALBANIA
AETHIOPIA
DANIAE
GALLIA
GRAECIA
HAITIA
HIBERNIA
JAMAICA
JAPAN
KENYA
LAOS
LIBERIA
MEXICO
NEPAL
NIGERIA
RUSSIA
SUDANIA
SYRIA
UGANDA
UCRAINA

64 - Fahrzeuge

U	G	M	P	U	T	A	T	I	M	O	C	U	S
K	B	M	S	R	Z	H	I	V	A	N	H	M	U
Z	W	N	B	D	B	V	R	B	R	A	C	J	B
F	I	L	L	N	O	V	E	M	O	T	O	R	W
M	D	K	B	V	H	L	S	I	T	A	R	E	A
V	I	V	A	M	U	S	O	O	C	P	S	T	Y
J	T	A	X	I	R	S	J	R	A	O	U	O	U
I	Q	R	Z	R	S	K	Q	D	R	R	B	O	A
E	C	N	A	L	U	B	M	A	T	T	M	C	G
H	E	L	I	C	O	P	T	E	R	T	A	S	H
A	G	Y	G	B	U	S	R	O	S	I	R	T	Z
K	G	R	X	Z	O	R	T	V	S	T	I	Y	L
P	A	K	F	Y	C	V	E	Q	I	O	N	M	Z
C	O	M	I	T	A	T	U	M	S	R	E	B	C

CAR
NAVI
PORTTITOR
RATIS
VIVAMUS
HELICOPTER
AMBULANCE
DOLOR
MOTOR

ERUCA
TIRES
SCOOTER
TAXI
TRACTOR
SUBWAY
SUBMARINE
COMITATUM
COMITATU

65 - Musikinstrumente

Z	C	H	A	R	M	O	N	I	C	A	C	T	U
P	E	R	C	U	S	S	U	S	W	Z	I	U	Z
T	L	S	U	I	B	I	Y	I	Z	W	T	B	M
Z	Y	S	A	X	O	P	H	O	N	E	H	A	A
Q	Q	M	O	B	X	S	E	R	T	M	A	B	N
B	Q	L	P	S	F	M	V	Q	B	F	R	T	D
S	D	I	P	A	T	A	N	O	S	H	A	R	O
M	M	U	L	G	N	O	O	S	S	A	B	O	L
P	M	F	E	U	O	U	W	K	T	Z	U	M	I
Y	I	Y	N	P	S	N	M	J	I	I	V	B	N
J	G	A	I	P	U	X	G	J	B	D	E	O	P
H	L	O	N	C	E	L	L	O	I	O	P	N	I
A	L	N	F	O	J	N	A	B	A	F	Y	E	L
T	I	B	I	A	E	A	T	I	V	J	F	T	B

BANJO
CELLO
BASSOON
TIBIA
VITAE
CITHARA
PLENI
GONG
TIBIAE

PIANO
MANDOLIN
HARMONICA
SONATA
TROMBONE
SAXOPHONE
PERCUSSUS
TYMPANUM
TUBA

66 - Blumen

P	A	G	L	A	O	P	H	O	T	I	S	P	P
O	A	S	O	R	B	H	V	X	X	J	P	A	E
R	I	P	T	U	L	I	P	A	J	V	X	S	T
C	S	U	A	I	L	O	N	G	A	M	Y	S	A
H	A	D	I	V	M	X	Y	S	I	A	D	I	L
I	C	Y	R	N	E	N	A	E	N	E	A	O	O
D	A	O	E	B	C	R	W	M	E	B	E	N	R
T	R	J	M	C	N	M	S	W	D	H	A	F	U
A	U	V	U	J	T	W	D	K	R	I	G	L	M
D	R	B	L	C	S	C	Z	Z	A	B	K	O	A
A	X	F	P	F	L	O	S	C	G	I	W	W	H
L	I	L	I	U	M	V	G	V	X	S	L	E	N
T	R	I	F	O	L	I	U	M	L	C	W	R	D
T	A	R	A	X	A	C	U	M	M	O	L	R	P

PETALORUM
GARDENIA
DAISY
HIBISCO
AENEAN
TRIFOLIUM
CASIA
LILIUM
TARAXACUM
MAGNOLIA
PAPAVER
ORCHID
PASSIONFLOWER
AGLAOPHOTIS
PLUMERIA
ROSA
FLOS
TULIPA

67 - Natur

F	J	I	O	B	M	U	V	U	J	F	A	X	P
L	T	G	Q	S	J	O	T	R	E	S	E	D	U
U	G	J	Y	S	Y	W	N	U	E	G	A	B	L
M	Q	O	I	A	R	E	F	T	B	O	N	I	C
E	G	S	T	N	R	L	Y	C	E	X	I	B	H
N	J	U	F	E	X	C	T	Y	Y	S	M	N	R
E	D	N	O	R	F	E	T	Z	F	O	A	U	I
V	O	N	Q	E	Z	W	X	I	Y	G	L	B	T
V	J	I	Q	S	E	P	A	E	C	I	I	E	U
T	R	O	P	I	C	A	L	W	S	L	A	S	D
S	U	S	C	I	P	I	T	E	I	A	Q	T	O
S	I	L	V	A	J	K	U	N	C	C	K	W	Z
P	C	O	M	H	I	S	I	L	A	T	I	V	Q
G	L	A	C	I	E	R	S	Q	P	J	Q	E	H

ARCTIC
MONTES
APES
SUSCIPIT
EXESA
FLUMEN
PACIS
GLACIER
SERENA
FRONDE
VITALIS
CALIGO
PULCHRITUDO
ANIMALIA
TROPICAL
SILVA
FERA
NUBES
DESERTO

68 - Urlaub #2

T	P	E	R	E	G	R	I	N	U	S	P	U	S
Z	A	L	L	U	N	H	F	M	U	I	T	O	I
G	M	B	Y	X	W	R	C	D	A	M	F	P	N
A	O	H	E	C	I	M	B	C	H	P	F	H	G
M	N	Y	R	R	H	C	A	E	B	W	E	I	R
E	T	E	A	E	N	J	A	N	C	Y	R	N	A
T	E	T	M	T	P	A	U	S	H	T	I	S	P
K	S	A	S	I	V	N	C	I	T	D	A	U	H
E	T	X	G	I	H	E	F	U	V	R	S	L	U
L	I	I	B	Q	E	I	G	B	L	Q	A	A	S
I	S	C	M	T	L	L	A	T	U	U	U	Q	U
Q	C	B	G	T	I	A	R	S	N	Y	M	B	A
B	G	G	G	U	T	A	T	I	M	O	C	X	K
H	O	T	E	L	X	G	I	F	E	O	N	L	N

PEREGRINUS
ALIENA
MONTES
CASTRA
ELIT
OTIUM
HOTEL
INSULA
MAP
MARE
SINGRAPHUS
ITER
AMET
BEACH
TAXI
NULLA
FERIAS
VISA
TABERNACULUM
COMITATU

69 - Zirkus

P	M	E	L	Y	M	A	U	Q	I	L	A	B	E
S	O	Y	G	E	A	D	O	L	U	M	E	P	L
P	L	M	G	F	G	S	I	X	M	U	T	A	E
E	B	E	P	O	U	A	I	O	D	S	Q	C	P
C	G	B	Y	A	S	I	N	M	W	N	M	R	H
T	L	R	P	I	M	X	E	I	I	Y	M	O	A
A	K	R	E	G	I	T	D	V	M	A	R	B	N
T	M	A	T	A	B	M	N	O	U	A	E	A	T
O	U	T	M	M	M	E	E	G	H	M	L	T	I
R	N	S	B	C	S	O	T	O	A	Q	G	I	S
B	A	L	L	O	O	N	S	L	B	S	G	N	A
I	W	E	D	G	A	H	O	E	I	T	U	H	C
M	U	S	I	C	A	Z	O	O	T	C	J	F	J
P	I	R	X	B	G	T	B	Y	U	F	E	C	J

SIMIA
ACROBAT
BALLOONS
ELEPHANTIS
ALIQUAM
JUGGLER
HABITU
LEO
MAGIA

MUSICA
POMPAM
ANIMALIA
TIGER
DOLUM
MAGUS
OSTENDE
SPECTATOR

70 - Barbecues

A	F	O	J	Y	G	A	F	M	T	Q	M	M	H
N	E	I	T	J	Z	M	M	U	S	I	C	A	P
I	C	S	L	A	S	I	U	C	F	U	D	L	R
M	W	E	T	I	G	C	D	E	E	T	H	U	A
U	N	O	Y	A	I	I	I	P	U	P	E	C	N
G	Q	T	Z	M	T	S	L	Q	A	Y	E	I	D
E	V	A	C	Y	Z	E	A	Z	D	B	S	T	I
L	P	M	R	S	U	T	C	U	R	F	C	A	U
N	U	O	I	F	R	N	J	H	E	T	S	R	M
K	L	T	L	C	L	E	B	U	Z	C	E	C	C
M	L	B	A	B	U	D	F	A	M	I	L	I	A
T	U	W	E	A	D	I	T	N	E	T	O	P	W
U	M	G	N	F	O	R	T	P	I	P	E	R	J
F	A	M	E	S	S	T	M	A	X	Q	R	H	R

PRANDIUM
FAMILIA
AMICIS
FRUCTUS
TRIDENTES
LEGUMINA
CRATICULAM
CALIDUM
PULLUM
FAMES
FILII
MUSICA
PIPER
POTENTI
SAL
AESTATE
LUDOS
TOMATOES
CEPE

71 - Schach

X	H	Q	U	V	Q	A	P	R	E	G	I	N	A
E	D	B	X	H	I	L	L	U	Z	N	C	N	M
P	R	A	E	C	E	P	T	A	N	P	V	M	U
C	F	L	R	L	R	V	U	A	U	C	Y	I	T
O	P	O	P	N	E	M	B	N	D	R	T	A	N
N	V	F	R	N	C	Q	A	T	T	L	P	A	E
S	N	Y	Y	T	S	U	B	L	A	R	V	Q	M
I	L	E	S	U	I	R	A	S	R	E	V	D	A
L	U	S	M	V	D	S	T	E	M	P	U	S	E
I	D	V	P	A	V	I	S	S	A	P	I	C	N
O	U	A	V	S	T	I	O	I	A	R	C	B	R
D	M	Y	N	I	G	R	U	M	M	H	I	C	O
Q	Q	L	K	L	S	D	E	O	U	U	G	Z	T
D	I	A	M	E	T	E	R	C	J	J	S	X	S

FORTISSIMUS
DIAMETER
ADVERSARIUS
REX
REGINA
DISCERE
PASSIVA
PUNCTA

PRAECEPTA
NIGRUM
LUDUM
CONSILIO
TORNEAMENTUM
ALBUS
CERTAMEN
TEMPUS

72 - Geographie

L	F	H	L	Q	U	K	K	O	H	H	F	D	Q
M	O	K	A	L	U	S	N	I	U	R	B	E	M
E	E	N	O	I	G	E	R	R	A	M	A	A	E
R	D	E	G	E	G	A	L	E	I	Y	L	T	T
I	F	M	N	I	U	P	Z	A	R	F	T	L	N
D	E	U	O	D	T	T	U	H	T	B	I	A	O
I	J	L	R	N	G	U	I	P	A	M	T	S	M
A	E	F	T	U	W	A	D	S	P	T	U	O	Y
N	K	T	H	M	T	P	R	I	H	O	D	B	N
U	O	C	E	A	N	U	M	M	N	E	O	A	T
S	B	O	M	W	E	S	T	E	A	I	S	R	E
W	E	J	A	O	P	I	Q	H	G	R	S	H	M
V	M	U	R	C	O	N	T	I	N	E	N	S	I
Q	M	O	E	L	A	T	I	T	U	D	O	F	L

ATLAS
MONTEM
LATITUDO
FLUMEN
HEMISPHAERIO
ALTITUDO
INSULA
MAP
CONTINENS
PATRIA

LONGITUDINIS
MARE
MERIDIANUS
NORTH
OCEANUM
REGIONE
URBEM
MUNDI
WEST

73 - Zahlen

V	D	Q	F	W	B	N	L	J	Q	Y	A	F	S
H	E	Y	U	K	T	L	D	X	U	G	H	V	E
S	C	J	G	I	T	N	I	G	I	V	D	Z	P
J	E	S	E	X	N	Q	I	B	N	W	E	K	T
P	M	E	V	O	N	D	V	S	Q	F	C	A	E
J	E	R	Y	Q	Q	Y	E	K	U	T	E	V	M
S	T	T	M	Y	S	U	E	C	E	P	M	T	D
E	O	H	I	S	E	L	A	M	I	C	E	D	E
P	C	O	C	T	O	N	L	T	Z	M	L	K	C
T	T	C	E	P	R	X	L	R	T	Z	J	Q	I
E	O	U	D	O	I	Z	U	N	L	U	B	V	M
M	F	C	E	N	K	T	N	V	X	G	O	P	Z
N	V	M	R	S	E	D	E	C	I	M	G	R	V
E	Z	I	T	N	I	G	I	V	E	D	N	U	E

OCTO
DECEM ET OCTO
DECIMALES
TRES
TREDECIM
QUINQUE
QUINDECIM
NOVEM
UNDEVIGINTI
NULLA
SEX
SEDECIM
SEPTEM
SEPTEMDECIM
QUATTUOR
DECEM
VIGINTI
DUO

74 - Kunst Liefert

Z	M	D	M	M	C	O	A	T	R	A	H	C	H
G	I	Q	J	E	P	H	T	G	A	J	U	A	F
R	M	M	F	N	S	Q	R	F	R	F	F	M	N
P	H	R	F	S	K	K	A	U	D	N	L	E	I
G	E	H	W	A	K	L	M	U	E	L	O	R	T
C	L	R	H	M	H	K	E	Y	H	A	E	A	O
E	A	O	T	P	N	C	N	E	T	U	L	G	A
N	I	R	S	E	J	R	T	C	A	M	E	X	Q
O	K	B	B	S	R	P	U	R	C	X	D	Z	U
D	E	E	C	O	A	G	M	U	T	U	L	S	A
A	C	L	Q	A	N	R	E	J	G	C	R	N	X
C	O	T	I	U	M	E	I	T	Y	F	K	J	C
C	O	L	O	R	E	S	S	U	S	V	X	M	H
P	E	N	I	C	I	L	L	I	M	A	P	U	Q

DONEC
PENICILLI
PERTERGET
COLORES
CARBONES
CAMERA
GLOSSARIUM
GLUTEN
OLEUM

CHARTA
DELEO
OTIUM
CATHEDRA
MENSAM
ATRAMENTUM
LUTUM
AQUA

75 - Tage und Monate

D	V	W	E	D	N	E	S	D	A	Y	X	Y	J
O	R	E	B	M	E	C	E	D	B	I	J	R	O
M	C	A	N	R	M	E	N	S	E	Z	Z	A	V
I	H	U	M	E	D	H	U	E	T	Q	Y	U	I
N	M	G	S	A	R	E	B	M	E	V	O	N	S
I	A	U	X	A	R	I	R	Z	T	M	X	A	R
C	U	S	T	E	T	T	S	Y	S	K	G	J	F
A	Q	T	X	H	A	U	I	B	T	L	P	M	E
D	I	T	C	A	K	L	R	S	H	Y	I	S	B
E	L	Y	A	D	N	O	M	D	U	D	M	O	R
C	A	L	E	N	D	A	R	O	A	H	W	Z	U
P	A	U	N	P	I	A	E	N	K	Y	I	H	A
B	R	J	U	A	N	N	O	F	S	P	R	O	R
Y	C	B	J	S	E	P	T	E	M	B	E	R	Y

AUGUST
DECEMBER
MARTIS
JOVIS
FEBRUARY
VENERIS
ANNO
JANUARY
JULY
JUNE

CALENDAR
WEDNESDAY
MENSE
MONDAY
NOVEMBER
ALIQUAM
SATURDAY
SEPTEMBER
DOMINICA

76 - Emotionen

I	T	O	L	A	V	J	N	Q	P	F	I	R	E
L	L	E	N	K	M	J	I	D	M	F	R	E	E
G	F	G	N	G	A	U	D	I	U	M	A	M	T
A	S	O	R	E	N	O	E	Z	R	U	X	I	R
I	N	G	P	L	R	M	F	P	I	T	A	S	I
H	D	M	E	Y	D	I	B	B	M	A	M	S	S
T	A	E	D	I	U	M	T	L	M	R	O	U	T
A	B	V	C	V	W	V	I	U	M	G	R	M	I
P	C	O	Z	T	P	M	Q	Q	D	Q	T	Z	T
M	E	C	A	P	I	A	P	W	H	I	B	J	I
Y	L	E	X	C	I	T	A	T	U	R	N	C	A
S	M	E	T	U	S	S	A	T	I	S	W	E	D
T	R	A	N	Q	U	I	L	L	I	T	A	S	M
X	M	I	S	E	R	I	C	O	R	D	I	A	M

METUS
EXCITATUR
ONEROSA
GRATUM
REMISSUM
GAUDIUM
MISERICORDIAM
PACEM
TAEDIUM
AMOR
TRANQUILLITAS
SYMPATHIA
TRISTITIA
MIRUM
IRA
TENERITUDINEM
SATIS

77 - Kräuterkunde

R	O	S	M	A	R	I	N	U	S	J	S	Q	Q
B	J	F	T	I	L	U	C	I	N	E	A	F	U
J	R	M	U	H	T	E	N	A	J	D	P	C	A
O	S	U	T	R	O	H	M	M	Q	K	O	R	L
C	R	N	Q	F	H	A	X	U	W	I	R	O	I
B	U	I	T	S	H	F	J	I	M	T	E	C	T
A	K	L	G	B	B	R	P	L	R	Y	M	U	A
S	H	E	I	A	W	X	Y	L	G	U	H	S	S
I	L	S	P	N	N	O	G	A	R	R	A	T	O
L	E	O	I	S	A	I	S	A	C	A	Z	V	L
I	H	R	A	Y	N	R	I	P	F	J	V	H	F
U	H	T	J	Y	B	O	Y	E	I	A	E	L	L
S	V	E	V	I	R	I	D	I	S	W	Y	J	D
U	N	P	X	Z	Z	N	J	O	U	T	I	L	E

BASILIUS
FLOS
ANETHUM
TARRAGON
FAENICULI
HORTUS
SAPOREM
VIRIDIS
ALLIUM
CULINARY
CASIA
ORIGANI
PETROSELINUM
QUALITAS
ROSMARINUS
CROCUS
THYMUM
UTILE

78 - Tugenden #1

B	P	M	O	D	E	S	T	U	S	G	U	O	I
P	E	R	R	X	Z	R	S	I	N	S	F	I	D
A	S	N	A	W	S	J	U	D	E	N	Z	K	O
T	U	Z	E	C	X	C	S	G	I	E	L	M	Y
I	S	C	Y	V	T	Y	E	B	P	I	G	U	K
E	O	F	E	R	O	I	O	P	A	C	O	I	B
N	I	J	Q	R	K	L	C	W	S	I	T	R	A
S	R	Y	X	N	T	A	E	A	U	F	U	O	K
M	U	N	D	U	S	A	S	N	T	F	L	T	Y
W	C	I	K	V	I	W	K	P	S	E	T	E	M
E	F	C	D	Y	S	U	D	N	U	C	A	R	I
S	N	E	D	N	E	P	E	D	N	I	T	C	Z
L	I	B	E	R	A	L	I	S	E	V	Z	E	M
B	O	N	U	M	R	B	U	M	V	J	I	D	H

MODESTUS
VENUSTUS
EFFICIENS
DECRETORIUM
PATIENS
LIBERALIS
BONUM
BENEVOLENS
ARTIS
IRACUNDUS
CURIOSUS
PRACTICA
MUNDUS
INDEPENDENS
SAPIENS
CERTA

79 - Aktivitäten und Freizeit

H	O	B	B	I	E	S	E	T	N	A	T	A	N
C	A	S	T	R	A	W	I	I	I	L	S	P	C
B	G	L	T	R	I	S	T	I	Q	U	E	D	O
E	O	A	V	Q	Z	T	E	O	A	P	I	F	N
M	Q	X	R	I	A	P	M	C	G	I	C	U	S
Y	J	D	I	D	F	C	A	D	D	C	I	L	E
V	F	I	B	N	E	R	L	Q	Q	T	F	T	Q
E	U	G	A	A	G	N	T	B	F	U	R	R	U
H	S	N	S	C	G	P	I	J	L	R	E	I	A
A	C	I	E	S	Y	V	Z	N	O	A	P	C	T
M	V	S	B	I	L	P	T	L	G	K	U	E	C
N	M	S	A	P	T	R	A	V	E	L	S	S	S
R	E	I	L	P	U	L	V	I	N	A	R	R	W
B	J	M	L	P	H	N	R	M	Q	Y	T	Y	T

PISCANDI
BASEBALL
ULTRICES
BOXING
CASTRA
AMET
DIGNISSIM
GARDENING
PICTURA

GOLF
HOBBIES
ES
TRAVEL
NATANTES
SUPERFICIES
CONSEQUAT
TRISTIQUE
PULVINAR

80 - Formen

S	O	V	A	L	Q	U	A	D	R	A	T	U	M
C	I	R	C	U	L	U	S	S	W	D	O	A	X
R	E	C	T	A	N	G	U	L	U	M	P	Q	A
A	X	T	R	L	L	S	A	A	T	Z	C	K	L
S	C	U	R	V	A	W	B	N	V	Q	P	G	C
I	C	Y	L	I	N	D	R	O	G	X	P	Z	I
D	U	B	S	Z	T	A	E	R	Q	U	S	Y	R
I	S	P	I	L	L	E	M	T	J	Z	L	P	C
M	P	U	F	Z	F	T	O	S	A	R	O	O	U
A	H	V	B	S	N	R	D	L	I	N	E	A	M
R	A	V	B	U	W	A	R	S	N	R	Y	H	U
Y	E	O	B	S	C	P	A	L	O	E	P	C	L
P	R	S	J	X	M	B	O	D	C	H	Z	S	F
Q	A	T	R	I	A	N	G	U	L	U	M	V	H

ARC
TRIANGULUM
ANGULO
ELLIPSI
ORAS
CONI
CIRCULUS
SPHAERA
CURVA
LINEA
OVAL
PRISMA
PYRAMIDIS
QUADRATUM
RECTANGULUM
CIRCUM
PARTE
CUBUS
CYLINDRO

81 - Musik

R	E	C	O	R	D	I	N	G	W	T	N	M	C
V	L	Y	R	I	C	A	L	P	S	B	A	U	A
J	E	C	P	O	E	T	I	C	A	L	E	S	N
S	P	S	L	M	U	S	I	C	U	M	N	I	T
A	S	W	T	A	L	U	G	I	L	G	I	C	A
I	R	T	R	I	S	O	K	B	Y	X	A	U	T
D	Y	Y	D	A	B	S	F	I	I	O	J	S	E
R	M	C	B	E	L	U	I	N	U	M	E	R	O
O	H	G	T	P	D	B	L	C	K	Q	C	R	J
C	S	L	I	Y	T	M	U	U	A	R	E	P	O
N	U	M	E	R	O	S	A	M	M	L	W	J	N
O	A	Y	P	L	H	A	R	M	O	N	I	A	A
C	P	I	N	S	T	R	U	M	E	N	T	U	M
V	C	K	R	O	T	N	A	C	H	O	R	U	S

ALBUM
RECORDING
NAENIA
CHORUS
CONCORDIA
HARMONIA
VESTIBULUM
INSTRUMENTUM
CLASSICAL
LYRICAL

CANTATE
LIGULA
MUSICUM
MUSICUS
OPERA
POETICA
NUMEROSA
NUMERO
CANTOR

82 - Antiquitäten

E	C	O	N	D	I	T	I	O	F	M	U	S	L
L	L	V	M	U	Y	S	Y	G	A	E	L	U	N
X	D	E	Q	C	R	T	V	I	N	T	S	P	U
K	I	J	G	G	U	Y	E	N	A	I	U	E	L
P	G	N	U	A	T	L	T	S	T	Z	N	L	L
M	N	W	C	K	N	E	U	O	I	Q	P	L	A
U	I	Y	V	O	E	S	S	L	C	U	F	E	M
I	S	J	R	E	C	N	N	I	U	A	B	C	Y
T	S	R	L	L	S	W	I	T	S	L	X	T	W
E	I	F	N	R	E	V	O	A	E	I	V	I	H
R	M	Z	M	M	E	W	C	R	D	T	C	L	C
P	I	C	T	U	R	A	E	Z	M	A	R	E	V
G	A	L	L	E	R	Y	P	J	R	S	V	M	O
Q	L	C	B	Z	M	Z	I	N	D	N	D	Q	H

VETUS
ITEM
VERAM
NULLAM
ELEGANS
FANATICUS
GALLERY
PICTURAE
DIGNISSIM
CENTURY
ES
SUPELLECTILEM
COINS
PRETIUM
QUALITAS
JEWELRY
STYLE
INSOLITA
CONDITIO

83 - Adjektive #2

S	X	R	X	Y	F	F	E	I	N	E	V	E	E
I	A	R	E	F	O	R	L	G	A	S	E	D	T
U	X	N	K	R	R	U	E	V	T	U	R	U	J
D	I	N	U	F	T	C	G	M	U	R	A	L	Y
J	R	Y	L	S	I	T	A	K	R	I	M	I	C
S	T	E	M	A	S	U	N	S	A	E	U	S	Q
T	A	B	F	D	K	O	S	I	L	N	V	O	V
E	E	L	R	U	X	S	C	L	I	T	O	J	O
L	R	M	S	T	A	A	T	I	S	E	N	G	K
K	C	D	T	A	R	O	N	B	R	S	J	C	O
T	R	A	G	I	C	U	S	O	B	D	K	C	O
S	U	P	E	R	B	U	S	N	V	C	C	G	Q
C	O	M	M	O	D	O	N	H	L	A	A	S	C
D	E	S	C	R	I	P	T	I	V	E	M	W	S

VERAM
NOBILIS
DESCRIPTIVE
TRAGICUS
ELEGANS
EDULIS
NOVA
SANUS
ESURIENTES
COMMODO

CREATRIX
NATURALIS
NOVUM
DUIS
FRUCTUOSA
SALSA
FORTIS
SUPERBUS
AMET
FERA

84 - Kleidung

J	T	S	A	M	A	J	A	P	Z	O	X	S	R
R	E	W	H	C	I	N	G	U	L	U	M	A	Q
U	K	W	I	I	H	W	L	E	B	J	Y	N	X
Y	C	M	E	E	R	B	L	O	U	S	E	D	C
O	A	A	R	L	S	T	A	O	C	G	R	A	S
Y	J	L	N	I	R	H	Q	Q	K	C	O	L	J
H	A	L	N	N	P	Y	Y	A	H	A	M	I	X
A	W	I	Y	O	U	G	N	S	I	E	G	A	B
B	Y	M	P	M	T	L	M	B	X	S	Q	K	R
I	N	R	P	X	D	G	L	E	F	T	A	H	A
T	L	A	C	I	N	I	A	A	U	U	Z	B	C
U	P	S	W	E	A	T	E	R	N	S	D	Y	C
C	H	L	A	M	Y	D	E	M	Y	E	X	J	A
T	I	B	I	A	L	I	A	F	H	A	C	W	E

ARMILLAM
BLOUSE
CINGULUM
MONILE
CAESTUS
SHIRT
BRACCAE
HAT
JACKET
HABITU
COAT
MORE
SWEATER
LACINIA
SANDALIA
CHLAMYDEM
PAJAMAS
JEWELRY
NULLA NEC
TIBIALIA

85 - Haus

C	U	B	I	C	U	L	U	M	C	F	B	L	Q
S	U	T	R	O	H	D	G	L	U	W	A	I	I
M	U	L	U	B	I	T	S	E	V	Q	C	B	X
U	D	P	O	Z	O	M	F	O	C	O	C	R	D
R	R	L	E	F	L	U	C	E	R	N	A	A	O
U	K	T	T	L	Y	T	R	O	Q	X	Z	R	Q
M	L	N	Y	W	L	C	K	E	N	Z	Y	Y	E
O	S	T	I	U	M	E	A	T	S	I	N	E	G
C	A	M	I	N	O	T	C	I	M	B	E	R	A
A	C	Y	X	M	J	T	I	T	L	D	V	A	R
I	N	X	B	E	A	D	T	T	I	O	H	U	A
N	S	B	L	P	M	B	T	E	P	L	C	O	G
A	I	R	A	E	U	Q	A	L	L	C	E	U	D
F	E	N	E	S	T	R	A	Q	O	R	N	M	S

GENISTAE
LIBRARY
TECTUM
ATTICA
LAQUEARIA
IMBER
FENESTRA
GARAGE
HORTUS
FOCO

VESTIBULUM
LUCERNA
SUPELLECTILEM
CUBICULUM
CAMINO
OSTIUM
MURUM
SEPEM
LOCUS

86 - Bauernhof #1

A	H	K	A	E	M	T	P	A	T	B	F	Y	Z
Z	W	L	T	B	T	A	R	O	C	R	E	T	S
A	G	R	O	A	E	A	E	P	G	Q	L	C	C
A	H	O	B	Q	R	D	V	W	M	N	I	A	O
O	G	Y	K	U	R	D	M	E	P	E	S	N	R
P	G	R	E	A	A	R	I	C	E	C	L	I	V
M	U	O	I	R	F	I	C	O	M	X	O	S	U
N	F	L	B	C	H	I	R	C	U	M	J	X	S
E	B	O	L	M	U	L	U	T	I	V	S	N	A
B	O	S	N	U	B	L	O	J	D	F	N	D	S
K	Y	U	J	L	M	N	T	N	A	P	I	S	I
G	R	U	B	P	O	O	U	U	N	H	A	Y	N
M	V	Q	Z	E	B	W	T	G	R	F	O	H	U
O	O	E	G	J	P	V	A	Q	P	A	D	H	S

APIS
SOLO
STERCORAT
ASINUS
AGRO
HAY
MEL
PULLUM
CANIS
VITULUM

FELIS
CORVUS
BOS
TERRA
AGRICULTURA
EQUUS
RICE
AQUA
SEPEM
HIRCUM

87 - Regierung

U	M	D	K	C	W	I	O	M	Z	J	T	P	P
S	T	A	T	U	S	U	C	R	L	A	G	A	A
P	C	W	A	C	M	S	I	M	A	I	I	M	C
F	O	K	Y	I	D	T	V	O	I	T	S	G	I
L	Z	L	C	E	X	I	I	N	T	N	I	S	S
K	Z	J	I	O	N	T	L	U	A	E	L	O	A
G	E	N	S	T	H	I	I	M	R	T	A	P	T
U	A	P	J	K	I	A	S	E	C	O	I	S	I
S	A	D	B	E	Z	C	Y	N	O	P	C	V	L
Q	R	R	V	B	K	P	A	T	M	U	I	E	A
D	U	X	E	L	T	A	X	U	E	X	D	Q	U
C	I	Z	A	S	X	G	K	M	D	J	U	V	Q
C	O	N	S	T	I	T	U	T	I	O	I	M	E
L	X	N	U	L	L	A	M	U	N	G	I	S	A

NULLAM
DEMOCRATIA
MONUMENTUM
PACIS
DUX
IUSTITIA
LEX
AEQUALITAS
IUDICIALIS
POTENTIA
GENS
POLITICA
IURA
ORATIO
STATUS
SIGNUM
CONSTITUTIO
CIVILIS

88 - Berufe #1

M	E	D	I	C	U	S	X	P	R	A	E	D	A
N	J	X	D	E	L	H	S	S	Q	R	K	H	V
S	Q	X	K	Z	N	B	U	Y	X	K	K	E	T
B	D	I	M	X	V	W	T	C	T	E	S	R	W
A	W	S	U	C	I	N	A	H	C	E	M	E	A
M	S	S	C	T	S	I	G	O	L	O	E	G	T
D	U	T	E	I	X	R	E	L	R	E	M	I	T
L	F	S	R	V	K	E	L	O	Y	L	V	J	O
J	C	U	I	O	I	X	F	G	T	H	E	E	R
P	Q	F	B	C	L	O	T	I	W	G	Q	W	N
M	M	A	U	J	U	O	V	S	T	V	O	E	A
N	U	T	R	I	X	S	G	T	V	R	R	L	T
V	E	N	A	T	O	R	L	U	U	C	A	E	U
X	S	A	L	T	A	T	O	R	S	W	Y	R	M

MEDICUS
ASTROLOGUS
REMI
LEGATUS
GEOLOGIST
VENATOR
JEWELER
NUTRIX
ARTIFEX
MECHANICUS
MUSICUS
THE
PSYCHOLOGIST
ATTORNATUM
SALTATOR
RAEDA

89 - Adjektive #1

I	A	A	P	B	E	M	D	N	Q	W	I	T	I
N	R	B	T	E	C	T	N	B	E	O	D	A	N
G	O	S	T	V	R	X	X	W	Y	T	E	R	N
E	M	O	E	E	W	F	X	B	D	A	M	D	O
N	A	L	M	M	N	R	E	D	O	M	U	U	C
S	T	U	A	U	Y	E	A	C	W	L	T	S	E
M	I	T	P	S	A	H	B	C	T	L	L	V	N
A	C	A	U	O	N	B	Y	R	T	U	A	M	S
X	U	D	L	I	X	I	S	S	I	I	M	G	Z
I	M	V	C	T	E	N	U	I	S	S	V	U	C
M	Q	A	H	E	B	B	T	V	I	Z	F	A	W
U	R	G	R	R	E	Q	A	A	T	X	S	Q	W
S	G	F	A	P	P	U	E	R	R	X	V	C	B
H	Z	J	W	G	J	S	B	G	A	X	R	N	A

ABSOLUTA
ACTIVA
AROMATICUM
NIBH
TENEBRIS
TENUIS
AMET
BEATUS
IDEM
ARTIS

TARDUS
MODERN
PERFECTUM
INGENS
PULCHRA
GRAVIS
ALTUM
INNOCENS
PRETIOSUM
MAXIMUS

90 - Geometrie

S	Q	A	A	D	M	U	T	N	E	M	G	E	S
L	H	U	A	N	E	A	R	E	M	P	T	O	I
Q	Q	I	A	U	G	L	S	I	J	A	O	Y	T
B	A	T	X	D	U	U	C	S	E	R	R	S	I
G	I	D	T	D	R	B	L	O	A	A	C	C	D
L	O	G	I	C	A	A	W	U	U	L	I	U	E
B	I	K	F	B	F	Q	T	S	S	L	R	R	A
J	T	N	S	P	N	R	Y	U	B	E	C	V	R
C	A	I	R	O	E	H	T	L	M	L	U	A	P
T	R	I	A	N	G	U	L	U	M	A	L	D	H
A	L	T	I	T	U	D	O	C	A	U	U	U	Z
D	I	A	M	Z	A	A	I	L	X	W	S	K	K
N	U	M	E	R	U	S	O	A	M	E	E	K	I
A	E	Q	U	A	T	I	O	C	D	C	Z	O	N

CALCULUS
RATIO
TRIANGULUM
DIAM
AEQUATIO
ALTITUDO
CIRCULUS
CURVA
LOGICA

MASSA
NUMERUS
PARALLELA
QUADRATUM
SEGMENTUM
PRAEDITIS
THEORIA
ANGULUS

91 - Jazz

J	Z	E	O	R	E	M	U	N	N	Z	M	N	L
S	X	J	L	C	O	M	P	O	S	I	T	O	R
E	G	U	O	Y	O	R	C	H	E	S	T	R	A
A	R	V	S	P	T	C	A	N	T	I	C	U	M
F	P	R	A	C	I	S	U	M	U	B	L	A	U
A	A	P	R	M	U	S	I	C	O	R	U	M	V
T	R	V	S	V	S	U	N	E	G	C	N	B	O
K	J	T	O	W	B	T	M	H	Y	O	O	C	N
T	P	O	I	R	F	E	O	Q	X	N	B	S	E
Z	S	E	Y	F	I	V	Z	V	B	C	I	J	F
W	O	D	I	O	E	T	Q	S	S	E	L	X	I
N	K	W	B	Y	X	X	E	S	C	R	I	E	O
T	A	L	E	N	T	U	M	S	T	T	S	Z	Q
E	I	M	P	R	O	V	I	S	A	T	I	O	N

ALBUM
VETUS
NOBILIS
FAVORITES
GENUS
IMPROVISATION
COMPOSITOR
CONCERT
ARTIFEX
CANTICUM
MUSICA
MUSICORUM
NOVUM
ORCHESTRA
NUMERO
SOLO
STYLE
TALENTUM
ARS

92 - Mathematik

W	P	Q	R	R	A	D	I	U	S	E	J	P	T
F	E	D	U	E	D	I	V	I	S	I	O	R	R
P	X	E	A	A	C	N	U	M	E	R	I	A	I
O	P	C	R	P	D	T	T	S	R	X	Z	E	A
L	O	I	I	E	S	R	A	M	M	U	S	D	N
Y	N	M	T	R	F	P	A	N	X	P	Z	I	G
G	E	A	H	I	H	J	H	T	G	R	W	T	U
O	N	L	M	M	A	I	D	A	U	U	N	I	L
N	T	E	E	E	G	M	C	O	E	M	L	S	U
U	L	S	T	T	N	N	E	V	Y	R	C	U	M
M	D	Z	I	E	A	N	G	U	L	I	A	K	M
Y	G	C	C	R	F	R	A	C	T	I	O	J	J
P	K	U	A	I	R	T	E	M	O	E	G	J	T
J	A	E	Q	U	A	T	I	O	K	Z	N	I	N

ARITHMETICA
FRACTIO
DECIMALES
DIVISIO
TRIANGULUM
DIAM
EXPONENT
GEOMETRIA
AEQUATIO
SPHAERA
POLYGONUM
QUADRATUM
RADIUS
RECTANGULUM
SUMMA
PRAEDITIS
PERIMETER
ANGULI
NUMERI

93 - Messungen

D	G	A	M	U	S	E	L	A	M	I	C	E	D
M	D	P	A	I	N	F	U	J	A	G	R	D	K
R	E	L	O	I	N	C	T	J	S	R	S	N	K
E	L	I	O	N	U	U	I	A	S	A	C	D	A
T	R	T	O	D	D	M	T	A	A	D	B	F	R
E	M	E	T	Y	B	U	I	I	M	U	Y	Z	E
M	A	R	G	R	A	D	S	J	S	S	E	I	T
I	R	T	E	M	Y	N	E	K	X	S	H	O	E
T	G	O	V	O	D	U	T	I	G	N	O	L	M
N	O	T	L	W	L	F	N	A	G	F	T	G	O
E	L	W	X	P	X	O	D	U	T	I	T	A	L
C	I	K	Y	I	N	R	N	B	M	H	C	N	I
Y	K	T	A	Y	R	P	B	W	P	V	F	K	K
A	L	T	I	T	U	D	O	N	F	G	Y	K	U

LATITUDO
BYTE
DECIMALES
PONDUS
GRADUS
GRAM
ALTITUDO
KILOGRAM
KILOMETER
LONGITUDO
LITER
MASSA
METRI
MINUTIS
PROFUNDUM
TON
UNCIAM
CENTIMETER
INCH

94 - Boxen

A	D	V	E	R	S	A	R	I	U	S	O	N	P
M	S	U	C	I	N	I	U	R	I	A	S	Q	U
S	U	I	R	A	D	N	E	R	E	F	E	R	G
A	T	V	F	O	L	U	G	N	A	T	K	E	N
C	S	R	E	U	Y	C	X	R	B	R	V	S	O
B	E	L	L	L	N	B	I	R	F	H	N	U	U
E	A	K	U	R	O	E	A	T	C	N	U	P	L
J	C	W	F	O	U	X	S	G	R	E	W	R	L
C	U	B	I	T	U	S	B	Q	H	A	Q	O	A
M	O	I	T	A	R	E	P	U	C	E	R	C	S
Z	B	E	Z	N	H	A	R	T	E	X	K	E	S
G	Y	C	C	G	F	O	C	U	S	B	I	D	U
M	J	B	M	U	T	N	E	M	Y	C	J	S	S
Q	S	V	U	P	F	O	R	T	I	T	U	D	O

ANGULO
CUBITUS
LASSUS
PUGNO
ARTE
FOCUS
ADVERSARIUS
BELL
CAESTUS
PUGNATOR
CALCITRARE
MENTUM
CORPUS
PUNCTA
RECUPERATIO
REFERENDARIUS
VELOX
FUNES
FORTITUDO
INIURIAS

95 - Psychologie

S	U	O	I	C	S	N	O	C	B	U	S	K	C
C	P	A	G	A	O	G	Q	D	F	X	G	P	O
O	E	P	H	Z	M	O	H	Y	X	M	F	C	N
G	R	P	E	H	N	E	M	A	T	R	E	C	S
I	C	O	V	D	I	C	L	I	R	Q	C	M	C
T	E	I	I	T	A	P	Z	R	L	U	S	O	I
A	P	N	O	T	S	U	J	O	J	A	U	R	E
T	T	T	G	I	R	E	M	M	Y	E	F	I	N
I	I	M	R	E	T	R	U	E	B	S	V	B	T
O	O	E	T	W	Y	I	S	M	F	T	D	U	I
N	Z	N	I	J	L	T	N	L	X	I	S	S	A
E	Z	T	J	B	X	I	E	G	O	O	Q	I	M
S	A	W	A	W	E	A	S	U	O	H	B	X	E
T	A	X	A	T	I	O	N	E	M	C	V	F	Q

TAXATIONEM
CONSCIENTIAM
EGO
MEMORIA
COGITATIONES
PUERITIA
FUSCE
COGNITIO
CERTAMEN
QUAESTIO
SENSUM
APPOINTMENT
JUSTO
SOMNIA
SUBCONSCIOUS
MORIBUS
PERCEPTIO
RE

96 - Bauernhof #2

H	I	D	H	B	Y	C	V	M	A	T	U	R	A
J	O	Z	J	W	U	U	U	V	M	E	T	T	I
K	D	R	A	H	C	R	O	M	A	P	G	R	R
T	V	L	R	H	S	G	A	O	L	O	M	A	R
F	R	Z	S	E	V	O	N	A	L	Y	M	C	I
E	U	I	M	T	U	A	N	A	T	I	S	T	G
C	M	U	T	N	E	M	U	R	F	J	A	O	A
A	I	E	A	I	L	A	M	I	N	A	V	R	T
L	R	B	G	W	C	H	O	R	D	E	U	M	I
C	J	S	U	T	C	U	R	F	K	T	P	R	O
O	D	G	H	M	L	A	M	P	E	C	R	P	N
V	E	G	E	T	A	B	I	L	I	S	A	V	E
A	G	R	I	C	O	L	A	G	A	Z	T	C	S
A	G	N	U	S	L	L	I	M	D	N	I	W	U

AGRICOLA
IRRIGATIONES
ANATIS
CIBUM
FRUCTUS
VEGETABILIS
HORDEUM
LLAMA
AGNUS
FRUMENTUM
LAC
ORCHARD
MATURA
OVES
HORREUM
ANIMALIA
TRACTOR
TRITICUM
PRATI
WINDMILL

97 - Gartenarbeit

D	A	Y	C	R	N	F	I	X	Y	C	F	F	C
S	O	L	O	A	U	Q	A	I	O	E	R	O	O
B	T	S	T	L	E	U	W	P	C	V	O	L	N
O	U	G	O	A	R	L	F	K	I	C	N	I	T
T	L	X	E	S	O	H	I	D	T	B	D	U	I
A	Q	E	D	R	A	H	C	R	O	T	E	M	N
N	V	X	U	U	O	F	W	B	X	I	D	B	E
I	E	V	L	W	B	M	Y	K	E	B	G	A	N
C	A	N	I	M	E	S	U	C	R	E	T	S	S
A	Y	C	S	E	I	C	E	P	S	R	M	Q	O
A	D	I	P	I	S	C	I	N	G	O	D	A	M
Z	K	H	X	X	M	R	O	M	X	L	L	P	P
Q	L	E	Q	N	X	M	Y	R	L	F	M	F	S
A	A	J	U	N	Z	O	T	X	I	F	E	E	B

SPECIES
FOLIUM
FLOREBIT
SOLO
BOTANICA
CONTINENS
EDULIS
EXOTIC
UMOR
CAELI

STERCUS
FRONDE
ORCHARD
SEMINA
ADIPISCING
HOSE
LUTO
FLOS
AQUA

98 - Berufe #2

H	L	I	N	G	U	I	S	T	M	E	C	E	E
R	O	T	A	G	I	T	S	E	V	N	I	S	N
L	C	R	A	S	T	R	O	N	A	U	T	M	G
O	Q	O	T	B	M	S	U	C	I	D	E	M	I
T	V	T	M	U	I	T	E	R	P	X	Z	A	N
S	K	N	Y	J	L	L	L	B	V	D	X	G	E
L	Q	E	D	G	P	A	R	V	D	T	H	I	E
W	A	V	T	S	I	T	N	E	D	G	E	S	R
P	V	N	H	V	X	T	M	U	I	Z	N	T	G
V	E	I	S	I	W	U	J	C	S	G	M	E	X
P	H	A	R	M	A	C	O	P	O	L	A	R	N
I	N	Q	U	I	S	I	T	O	R	A	E	F	D
O	U	V	D	G	E	A	P	I	C	T	O	R	S
I	L	L	U	S	T	R	R	A	T	O	R	C	G

MEDICUS
ASTRONAUT
PHARMACOPOLA
INQUISITOR
INVENTOR
INVESTIGATOR
PRETIUM
HORTULANUS
ILLUSTRRATOR
ENGINEER
WISI
MAGISTER
LINGUIST
PICTOR
DENTIST

99 - Wetter

U	I	S	J	W	K	W	K	A	R	N	B	F	U
Y	K	T	R	E	C	A	D	R	H	N	C	R	M
T	F	A	H	U	S	A	T	S	E	P	M	E	T
C	O	P	O	L	A	R	E	C	I	Y	O	F	M
Z	A	R	R	W	S	M	U	L	E	A	C	U	A
M	U	L	T	A	U	R	A	K	I	Z	L	L	U
I	Q	C	I	O	D	Y	Q	V	S	E	G	G	R
P	I	N	G	G	R	S	E	B	U	N	S	U	I
Q	F	F	V	L	O	T	K	G	T	X	P	R	S
S	I	C	C	I	T	A	T	E	N	G	S	J	T
S	I	C	C	U	M	S	E	T	E	S	I	A	U
P	R	O	C	E	L	L	A	E	V	W	R	H	R
B	X	Q	T	R	O	P	I	C	A	L	E	C	B
T	O	N	I	T	R	U	A	R	I	Q	A	E	O

AERIS
FULGUR
AURA
TONITRUA
SICCITATE
ICE
CAELUM
PROCELLAE
CAELI
ETESIA
CALIGO
POLAR
MAURIS
TEMPESTAS
TORTOR
TURBO
SICCUM
TROPICAL
VENTUS
NUBES

100 - Chemie

D	O	E	C	C	X	C	M	T	R	P	V	N	A
O	J	L	O	O	M	A	W	U	K	M	E	H	C
L	Q	E	R	N	E	T	Q	Z	Y	J	S	E	I
O	E	C	G	S	N	A	O	B	S	X	T	O	D
R	U	T	A	E	O	L	D	I	U	Q	I	L	U
Y	X	R	N	Q	I	Y	Y	F	D	Z	B	U	M
C	M	O	I	U	T	S	R	S	N	Q	U	C	P
E	A	N	C	A	C	T	M	O	O	Y	L	E	C
I	G	L	L	T	A	M	T	J	P	R	U	L	T
S	O	H	O	V	E	N	Z	Y	M	E	M	O	O
A	A	N	B	R	R	L	I	E	P	E	W	M	R
L	Z	L	R	A	J	S	U	G	D	J	G	S	T
A	L	K	A	L	I	N	E	H	V	W	N	M	O
F	Z	X	C	N	U	C	L	E	A	R	Q	C	R

ALKALINE
CONSEQUAT
ELECTRON
ENZYME
LIQUID
VESTIBULUM
PONDUS
CALOR
ION
CATALYST
CARBO
MOLECULO
NUCLEAR
ORGANIC
REACTIONEM
SAL
DOLOR
ACIDUM
TORTOR

1 - Gesundheit und Wellness #2

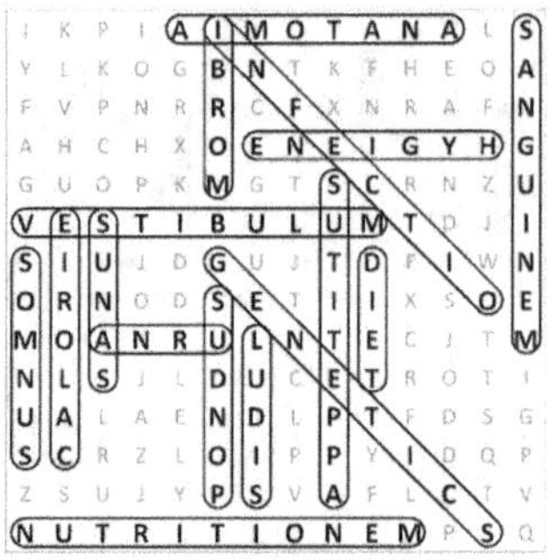

2 - Ozean

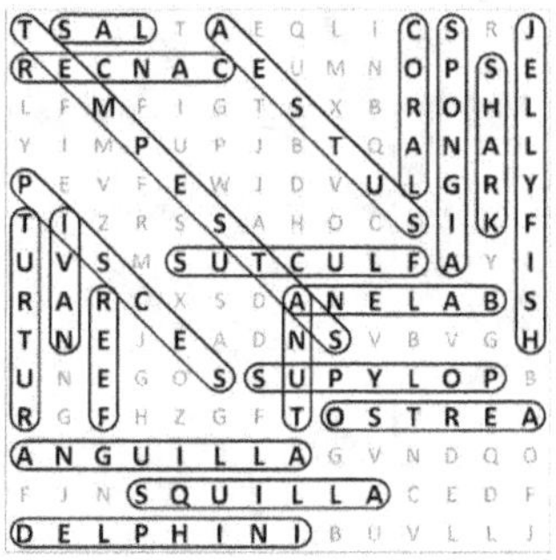

3 - Meditation

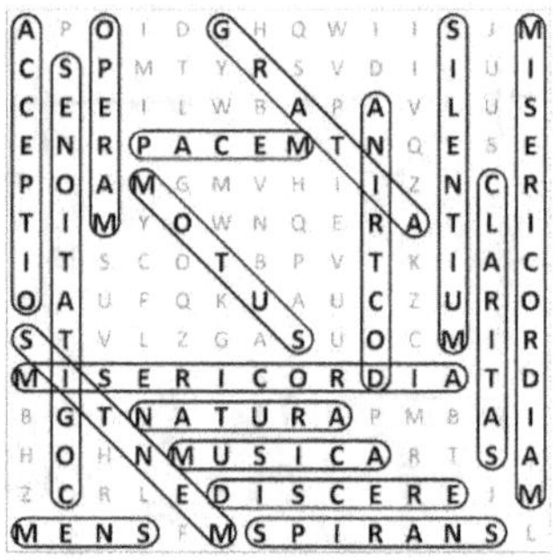

4 - Archäologie

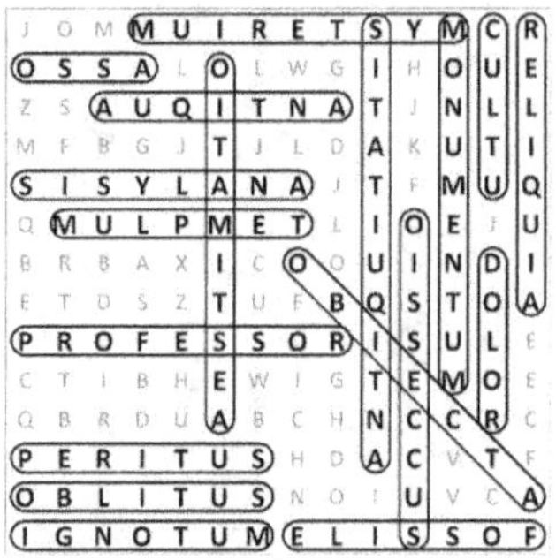

5 - Insekten

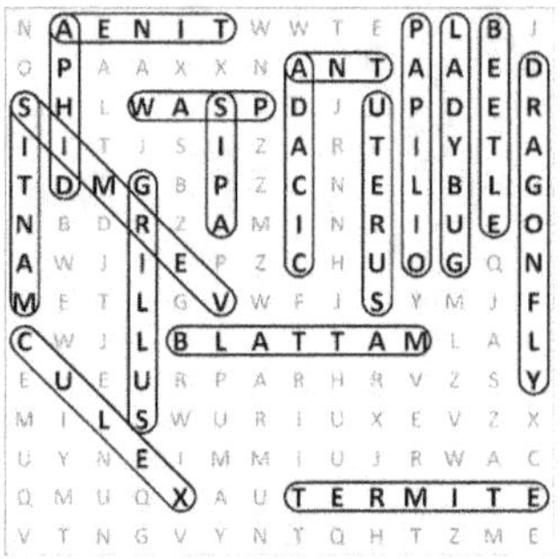

6 - Gesundheit und Wellness #1

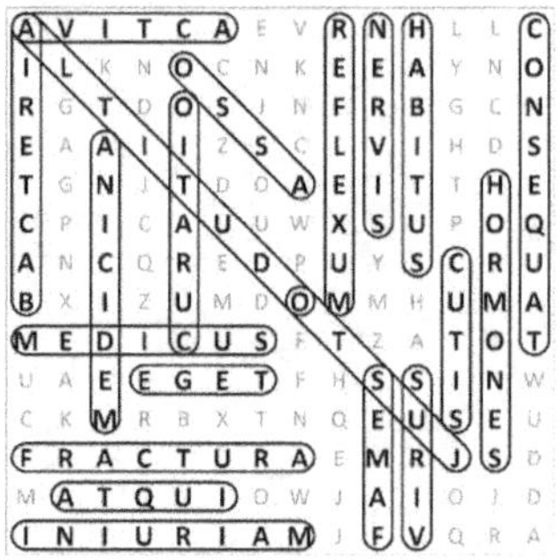

7 - Obst

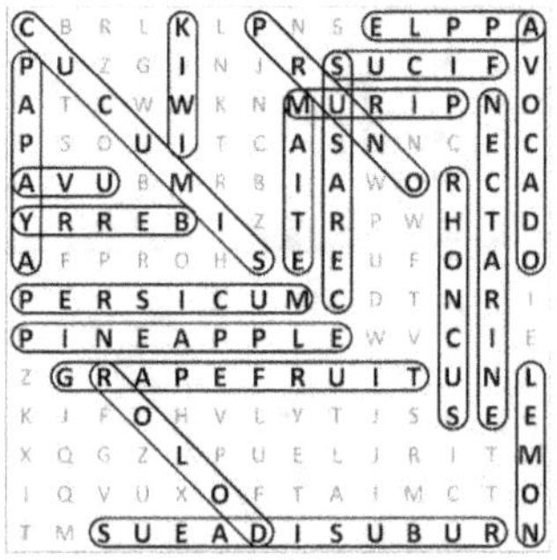

8 - Universum

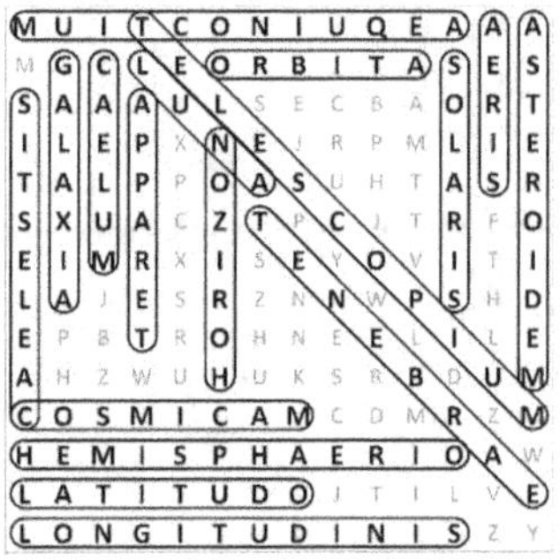

9 - Camping

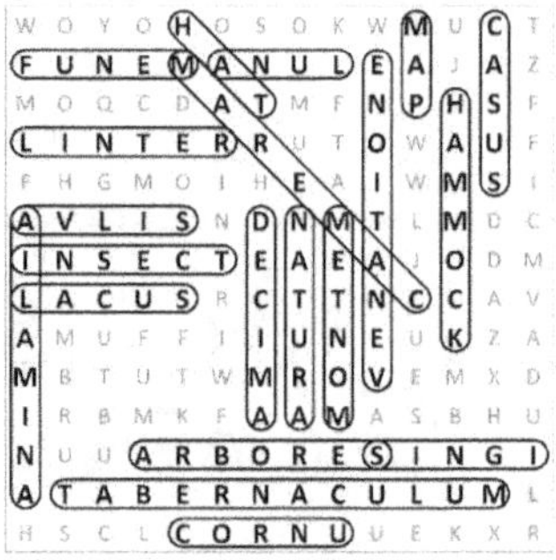

10 - Zeit

11 - Säugetiere

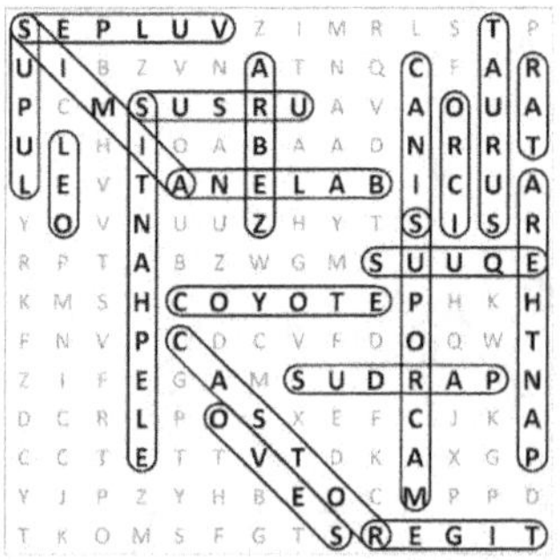

12 - Algebra

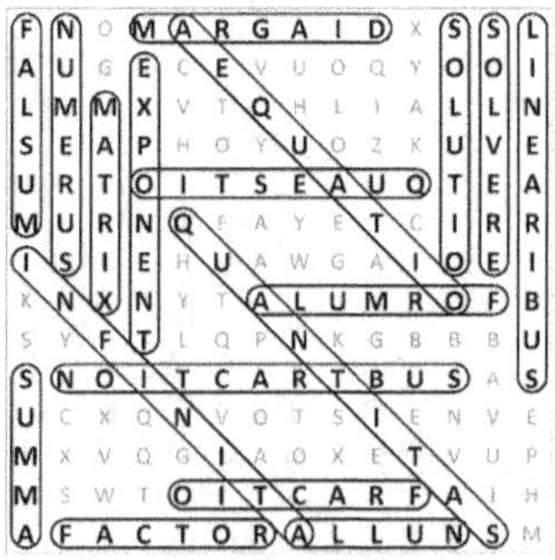

13 - Philanthropie

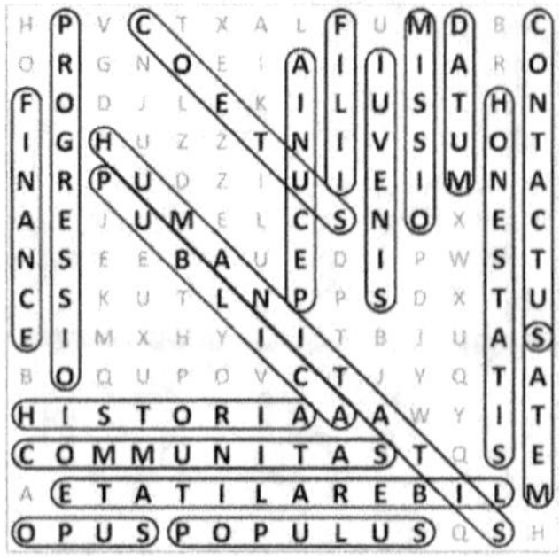

14 - Diplomatie

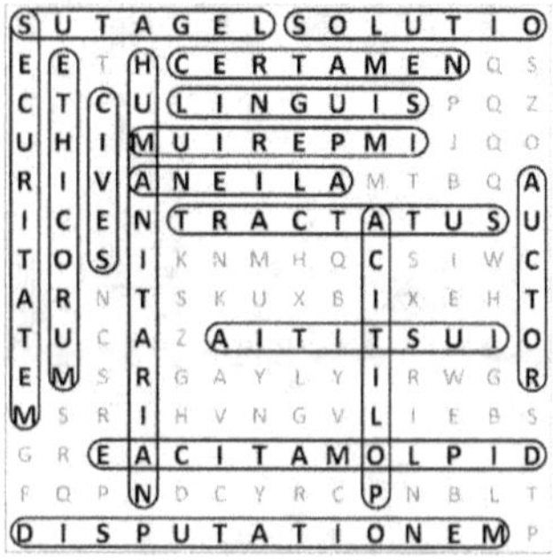

15 - Astronomie

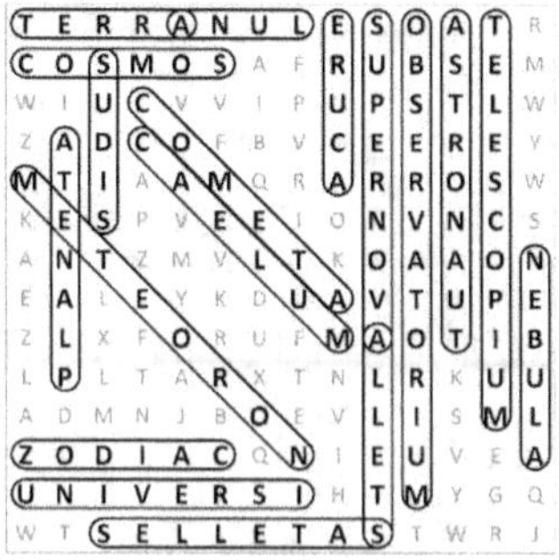

16 - Ballett

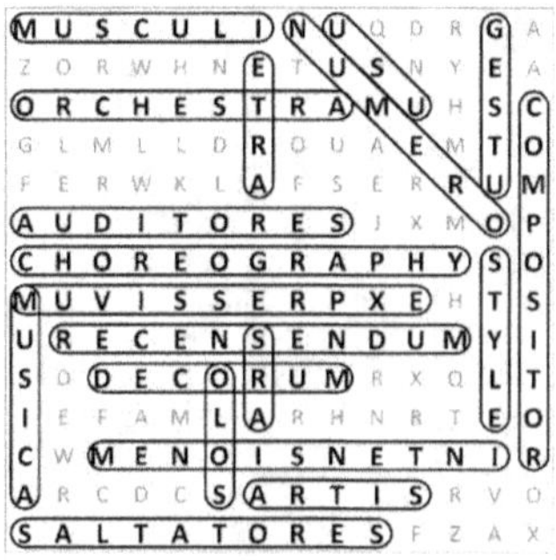

17 - Geologie

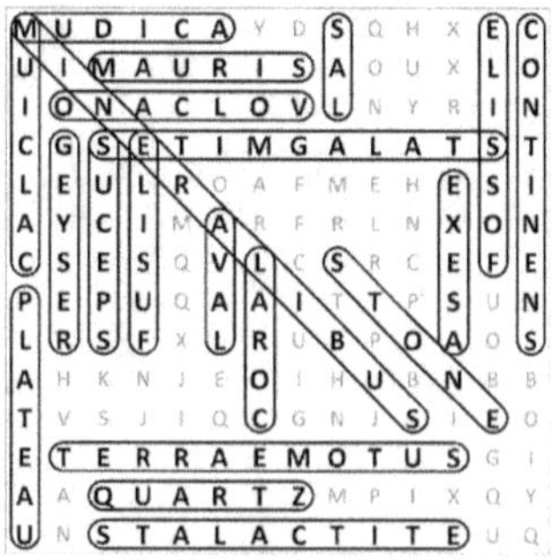

18 - Wissenschaft

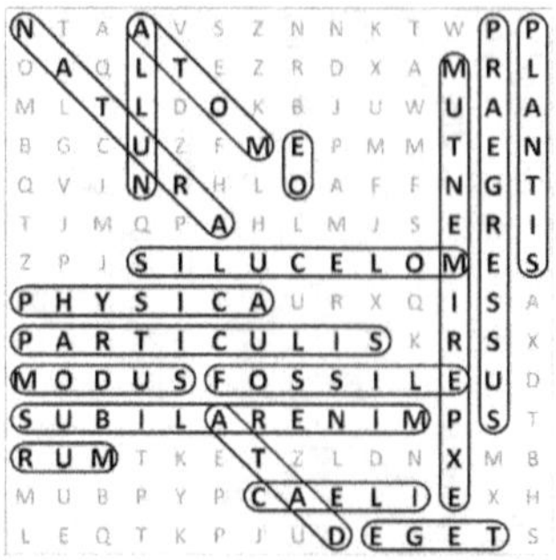

19 - Bildende Kunst

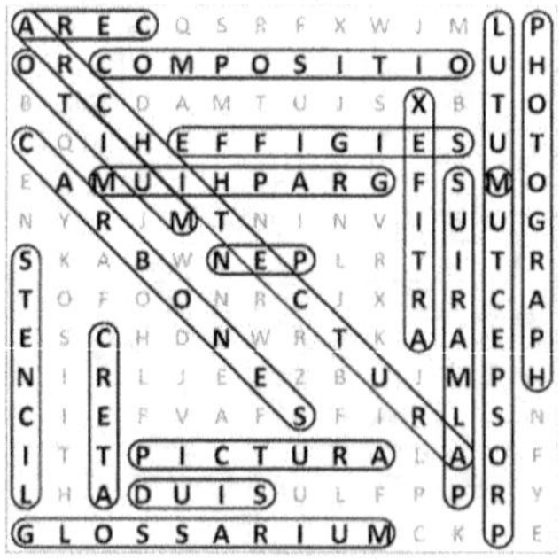

20 - Sport

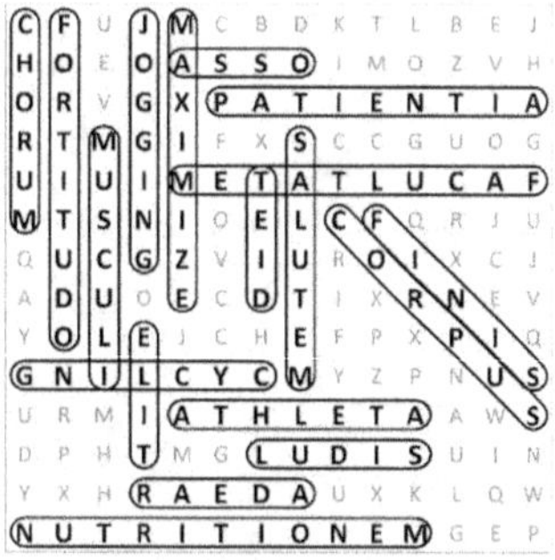

21 - Mythologie

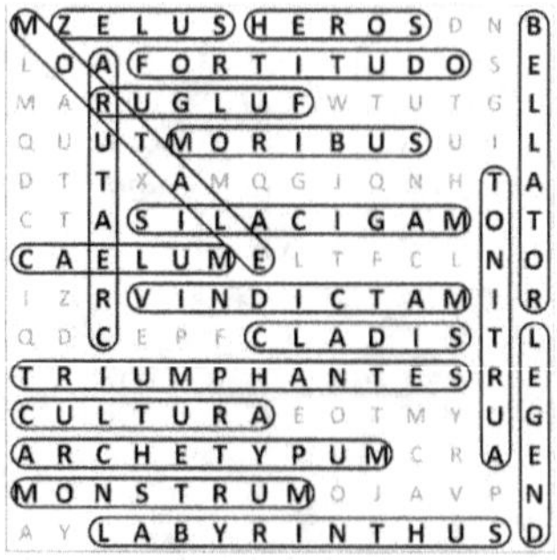

22 - Kraft und Schwerkraft

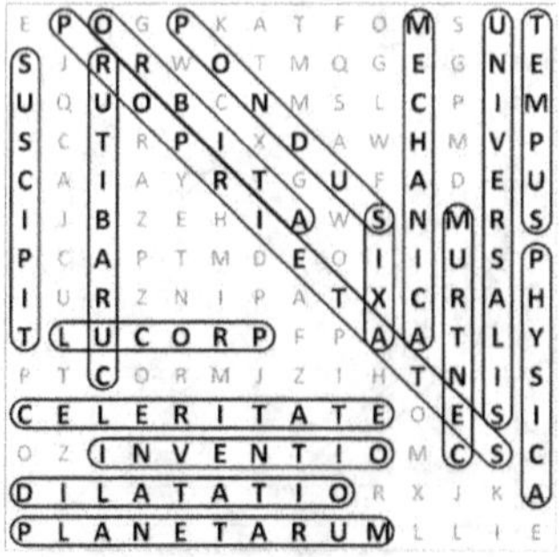

23 - Ökologie

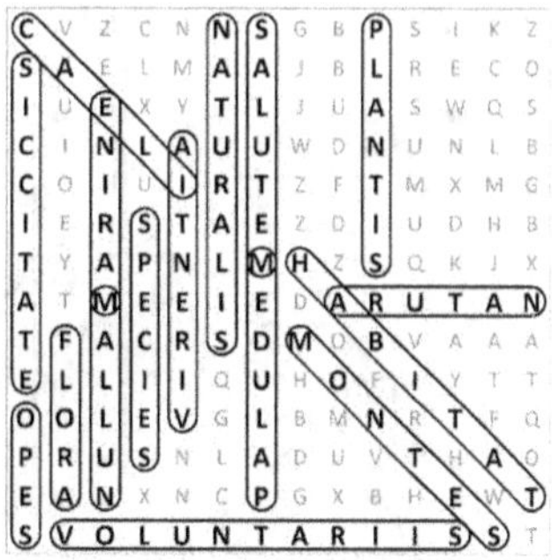

24 - Boote

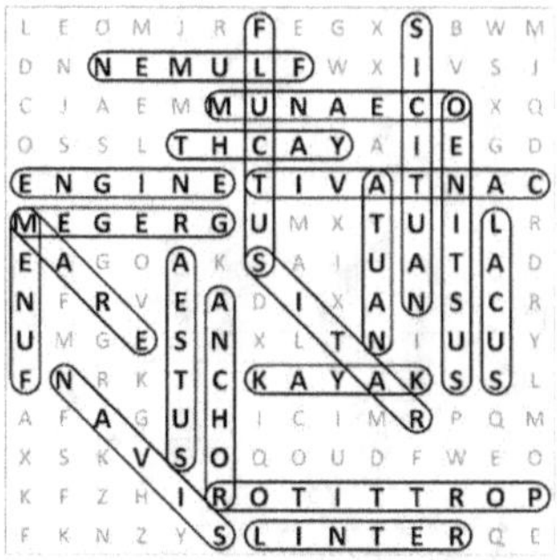

25 - Stadt

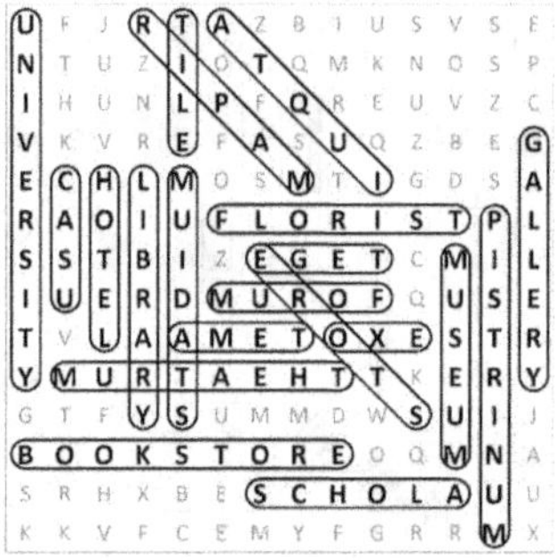

26 - Aktivitäten

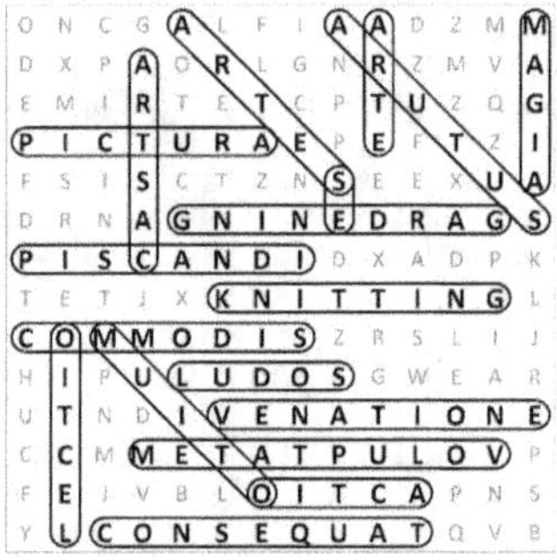

27 - Bienen

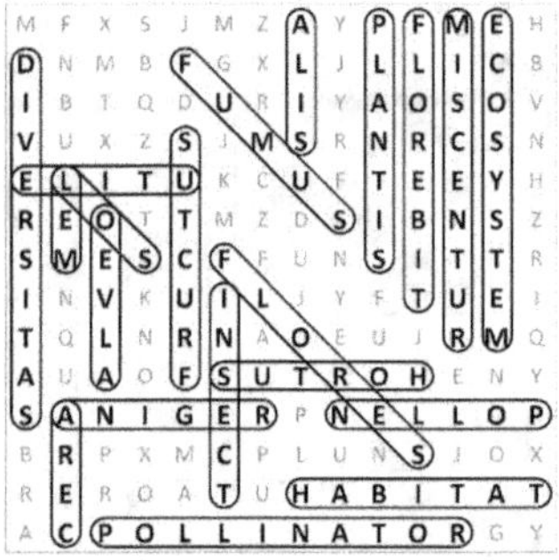

28 - Wissenschaftliche

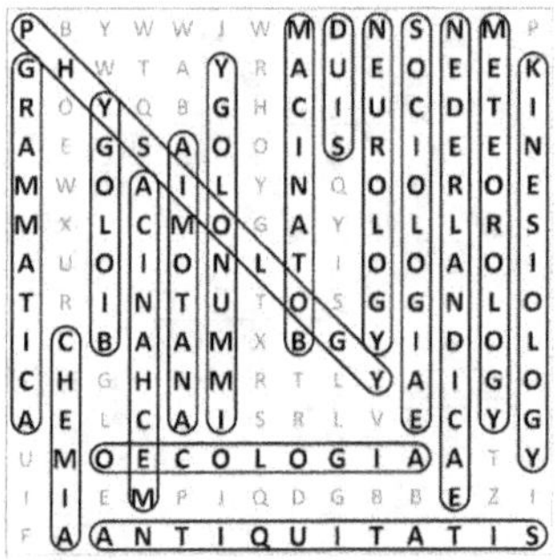

29 - Vögel

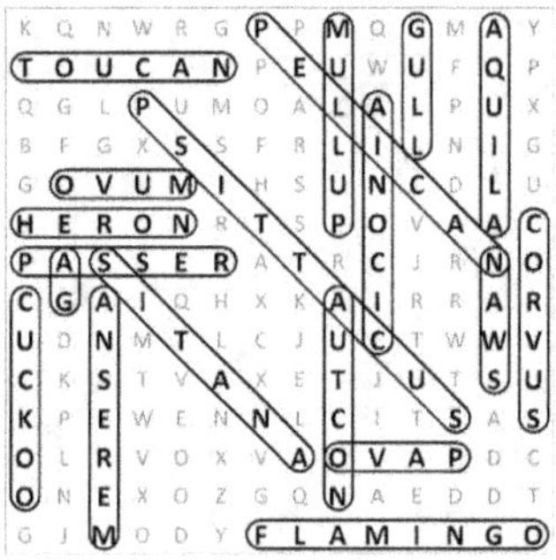

30 - Garten

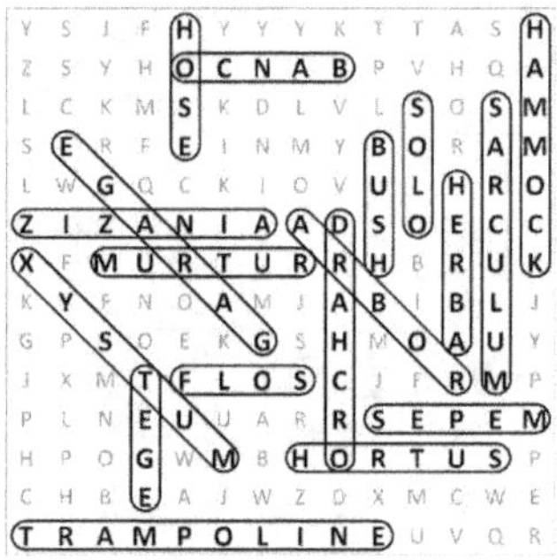

31 - Antarktis

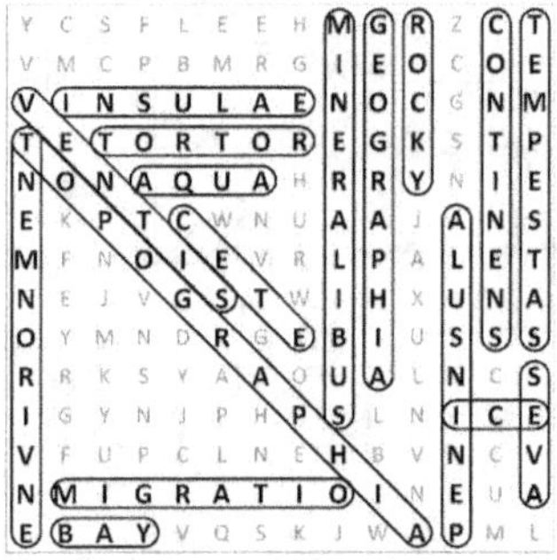

32 - Fahren

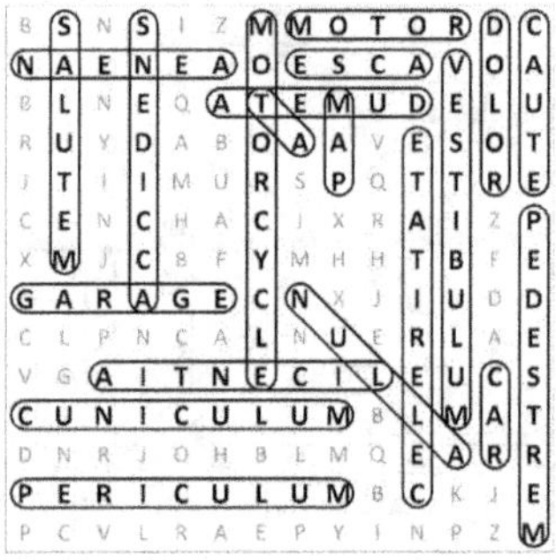

33 - Physik

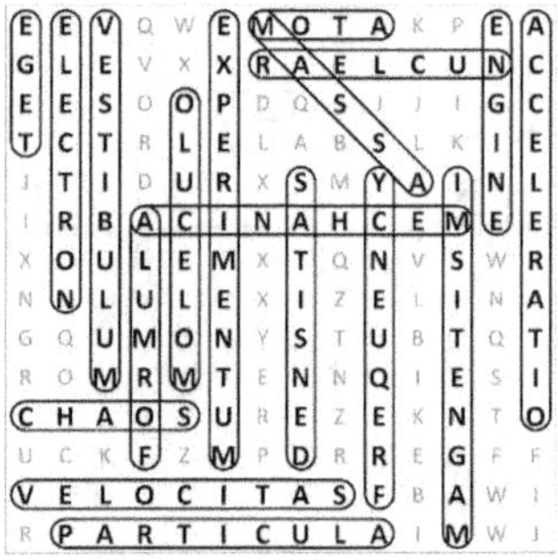

34 - Bücher

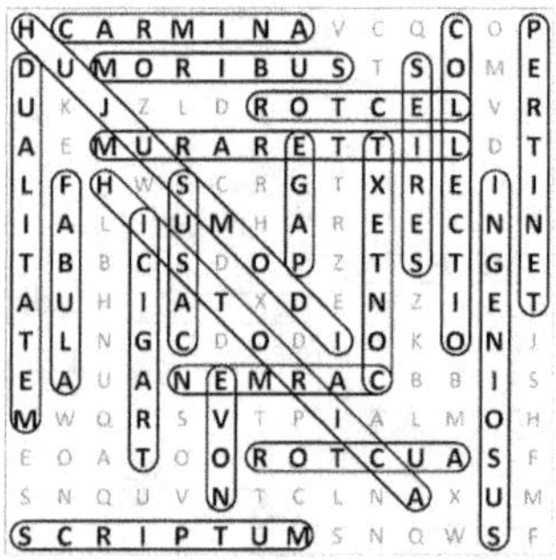

35 - Menschlicher Körper

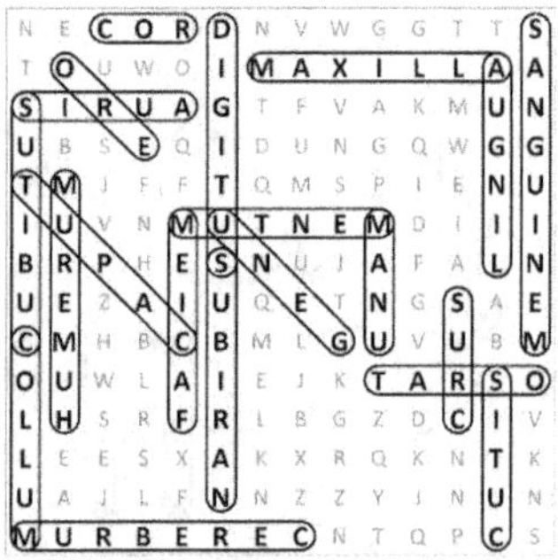

36 - Landschaften

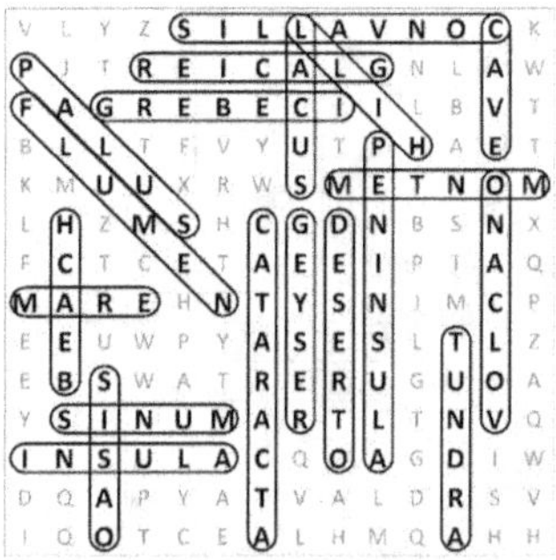

37 - Abenteuer

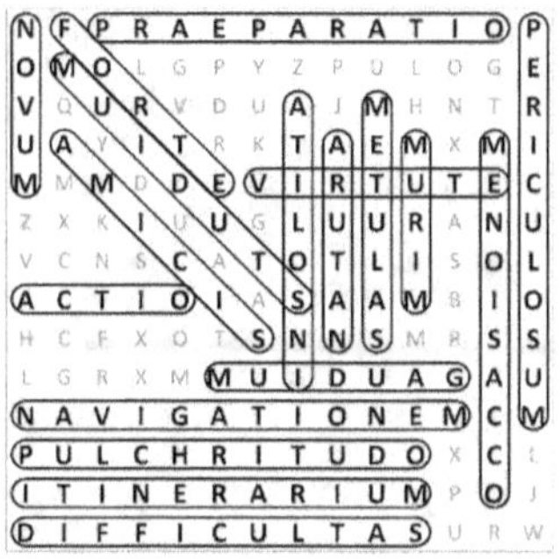

38 - Flugzeuge

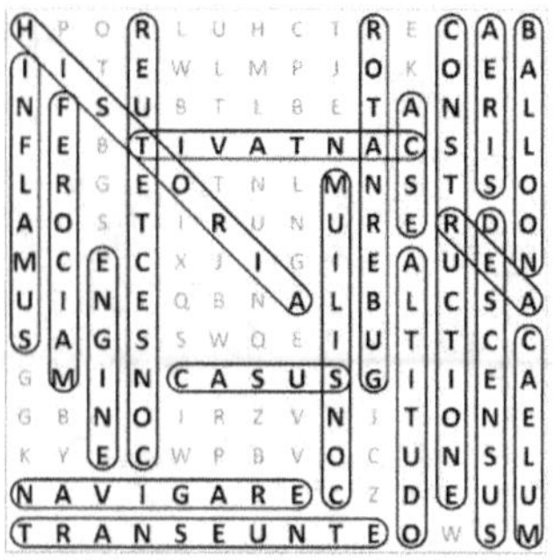

39 - Haartypen

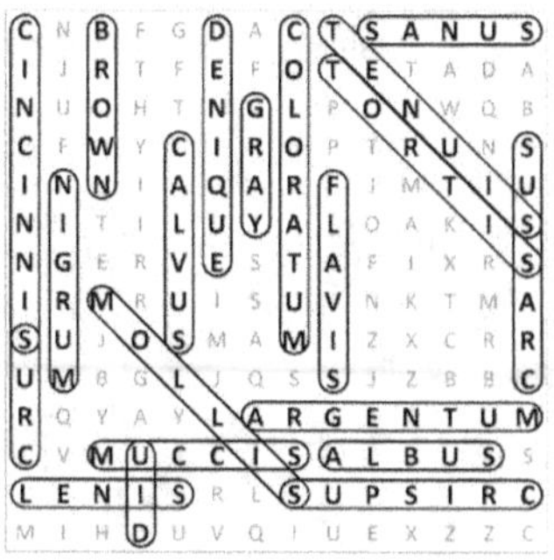

40 - Essen #1

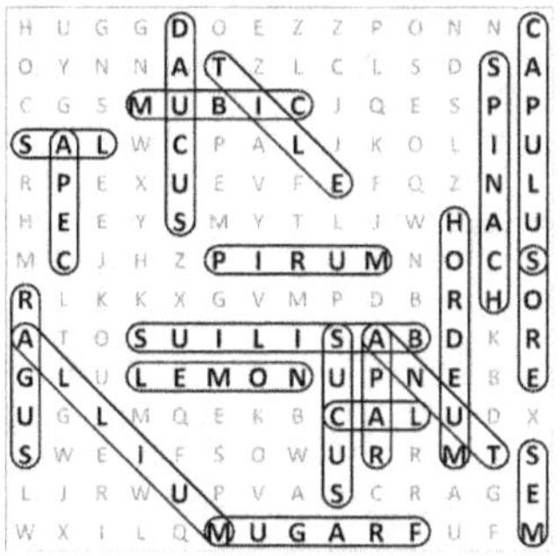

41 - Ethik

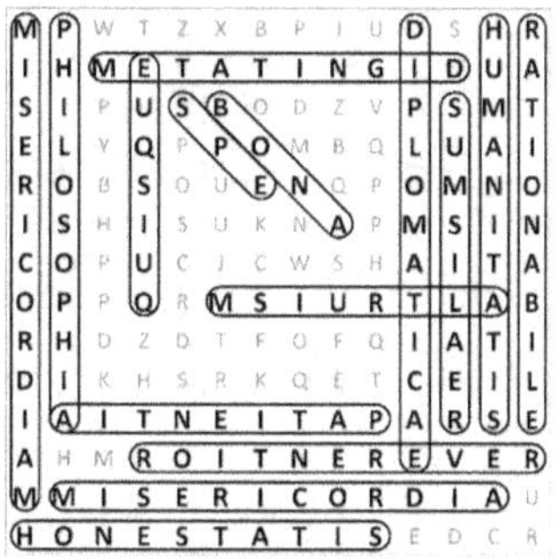

42 - Gebäude

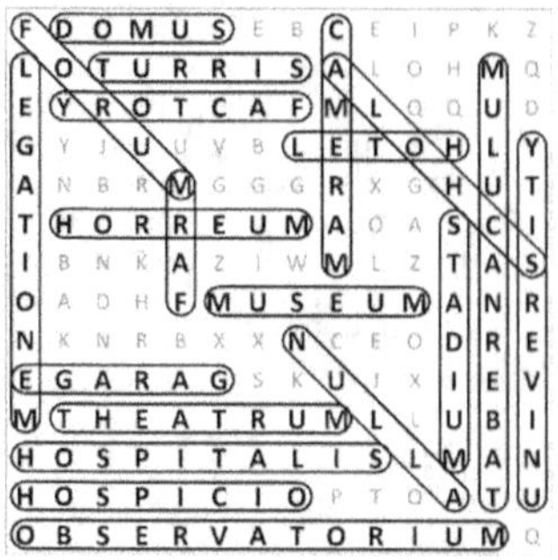

43 - Angeln

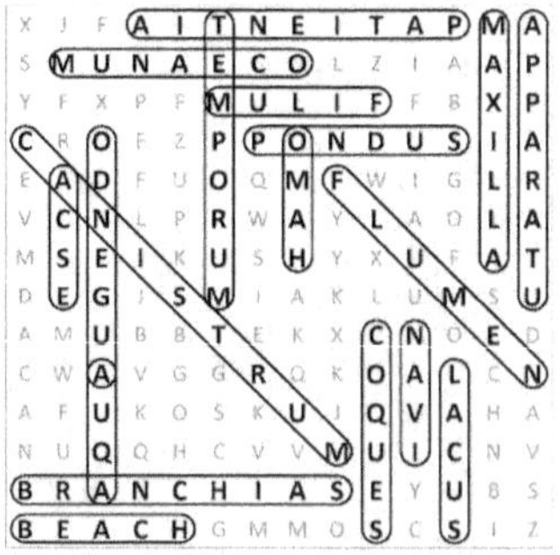

44 - Essen #2

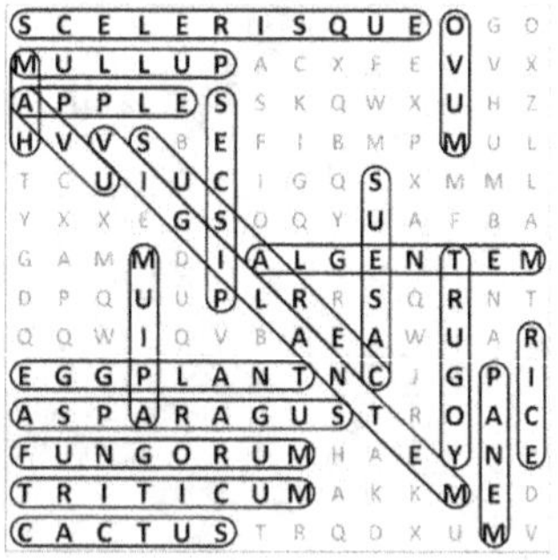

45 - Energie

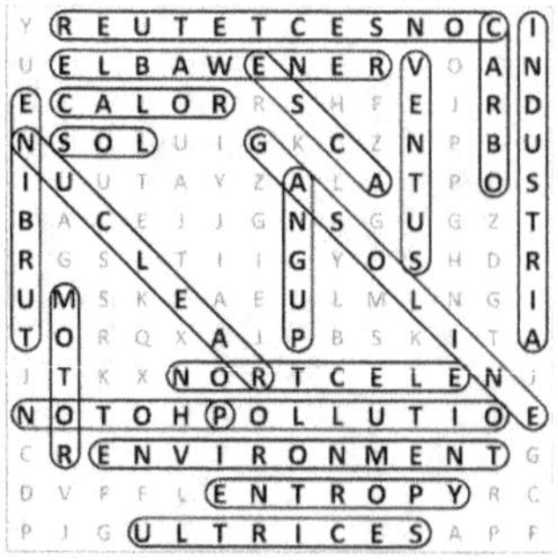

46 - Familie

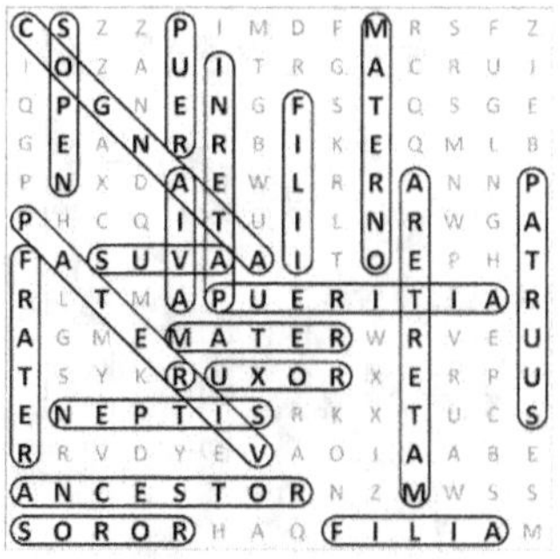

47 - Pflanzen

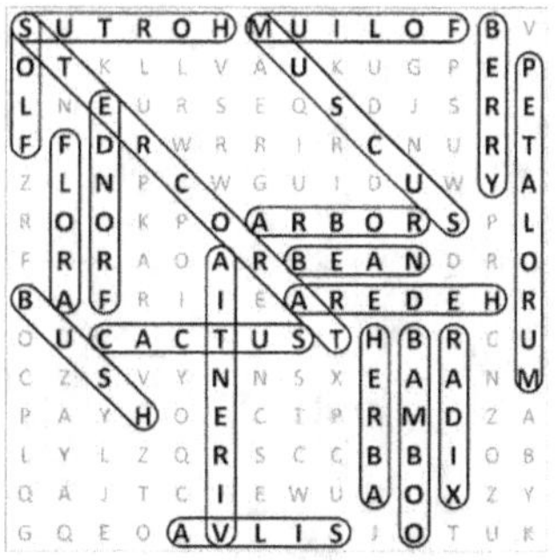

48 - Gewürze

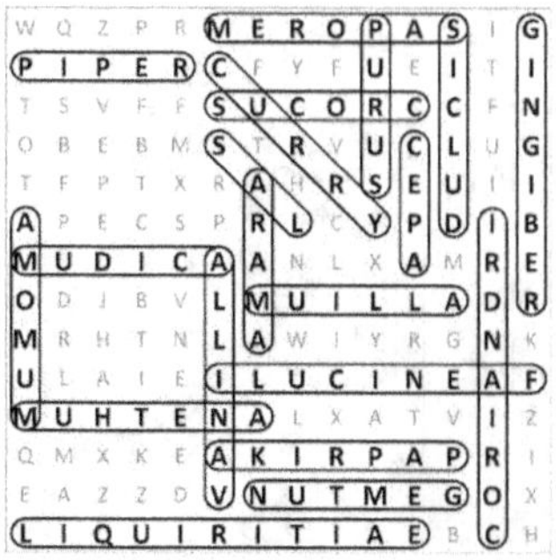

49 - Kreativität

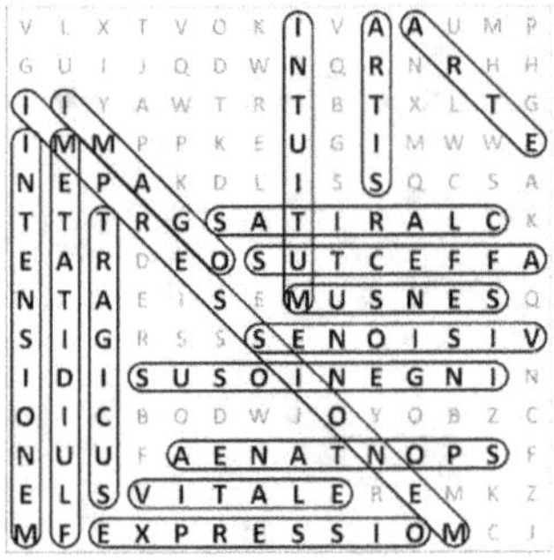

50 - Geschäft

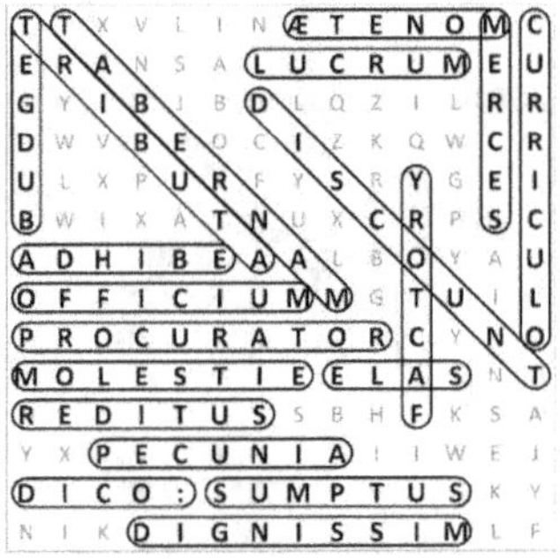

51 - Ingenieurwesen

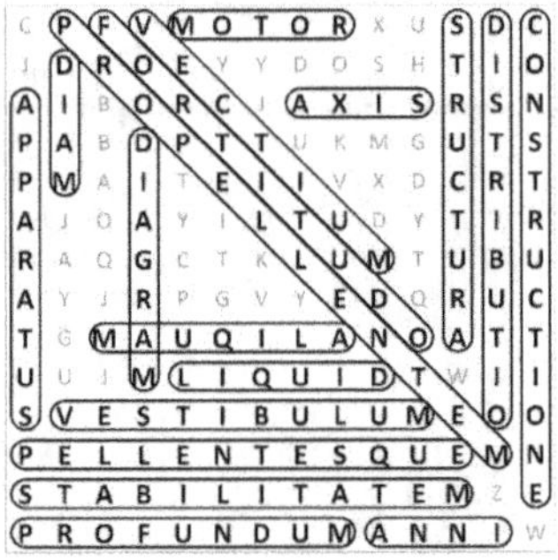

52 - Kaffee

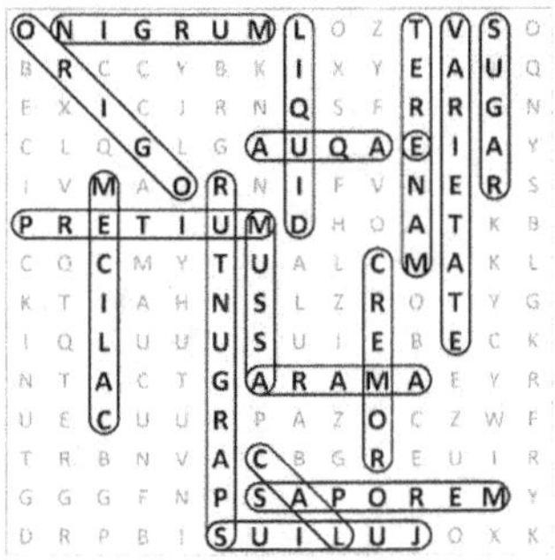

53 - Gemüse

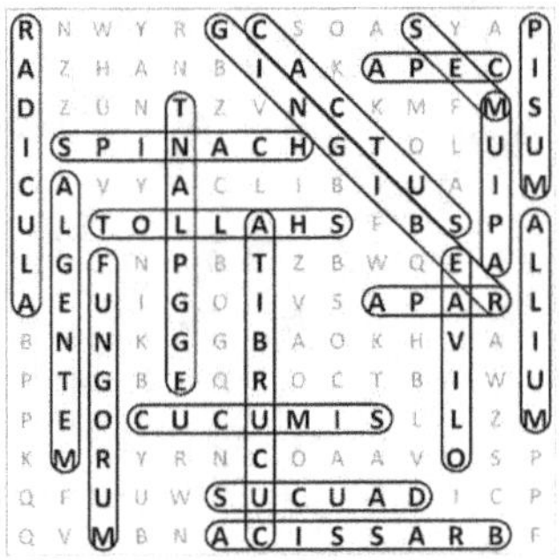

54 - Schönheit

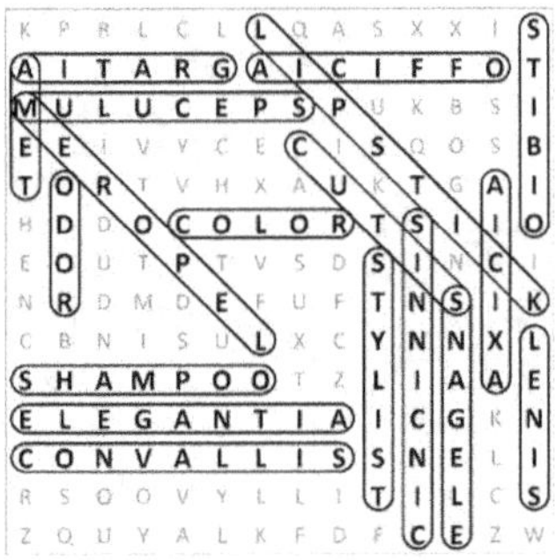

55 - Tanzen

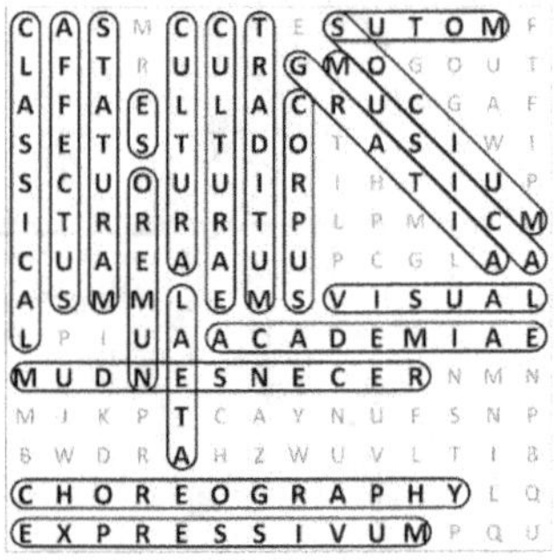

56 - Ernährung

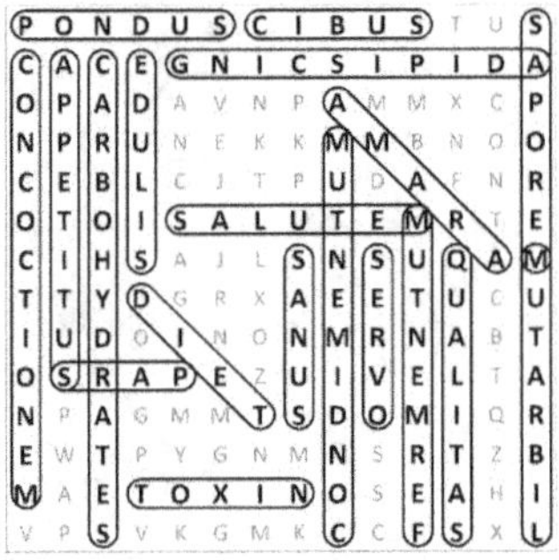

57 - Länder #1

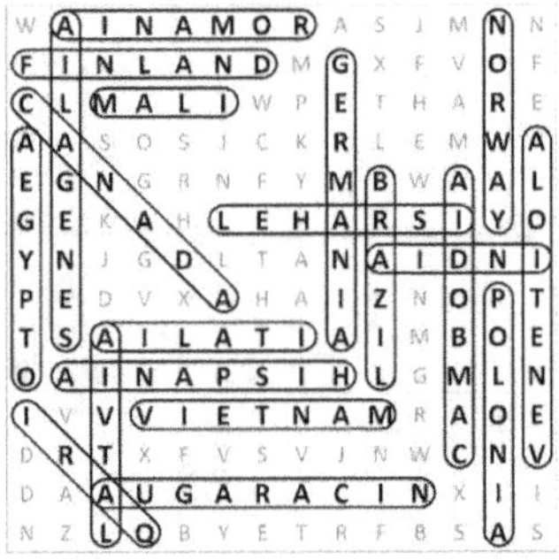

58 - Wasser

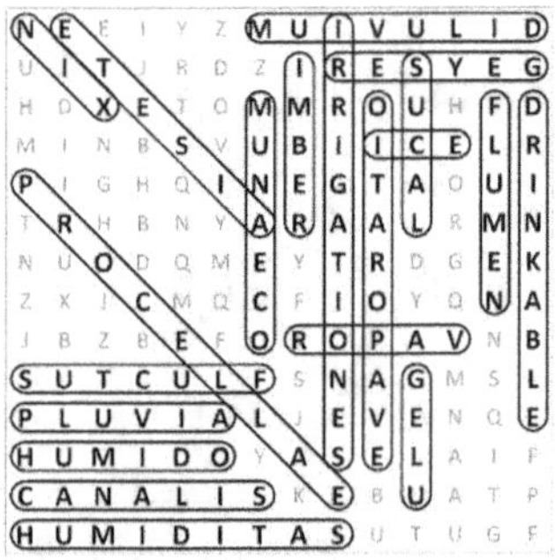

59 - Science Fiction

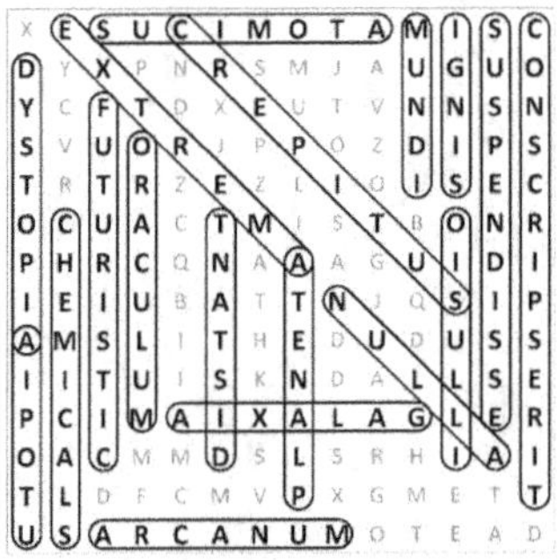

60 - Haustiere

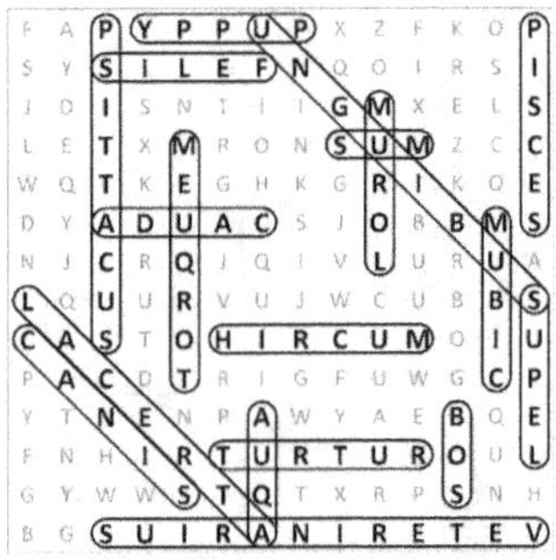

61 - Literatur

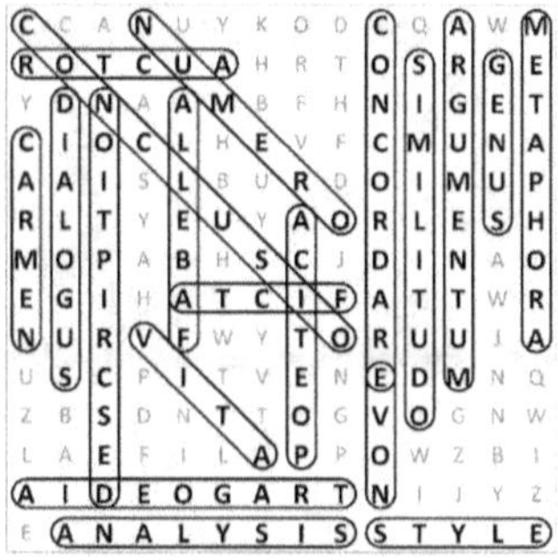

62 - Wandern

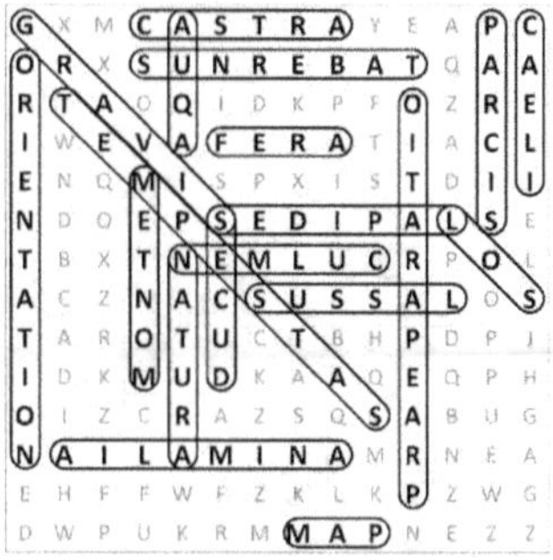

63 - Länder #2

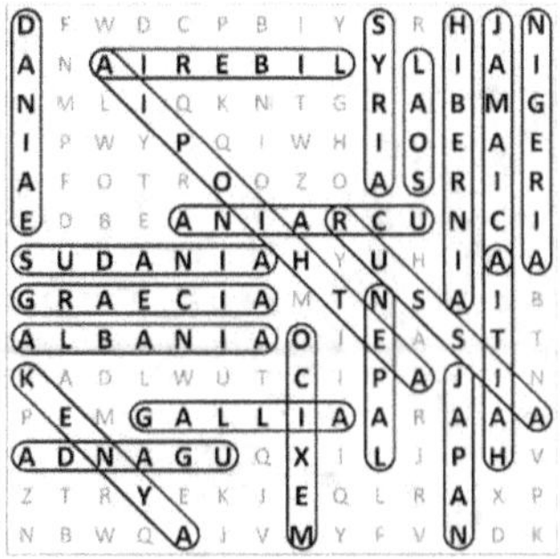

64 - Fahrzeuge

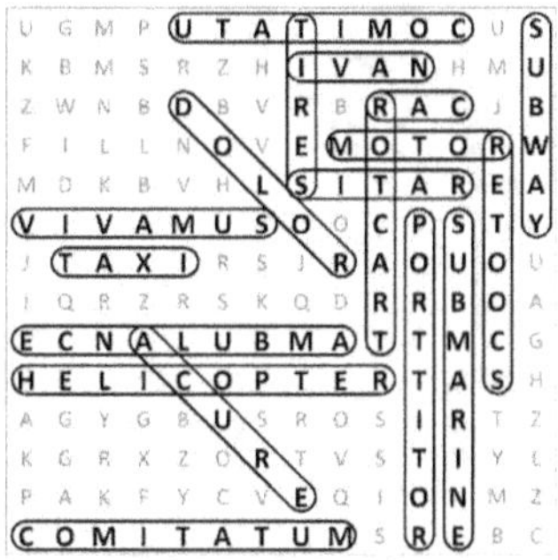

65 - Musikinstrumente

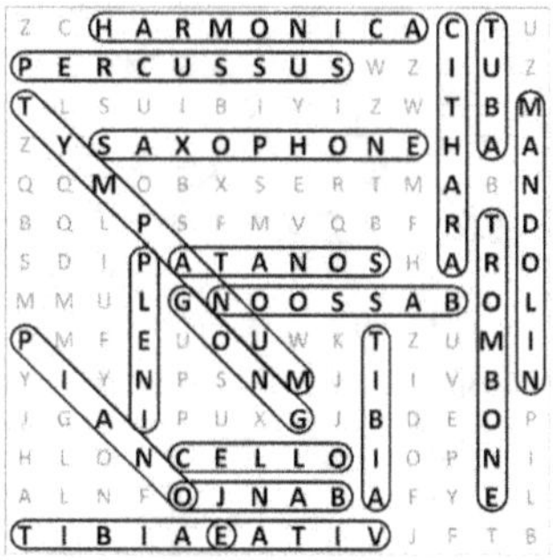

66 - Blumen

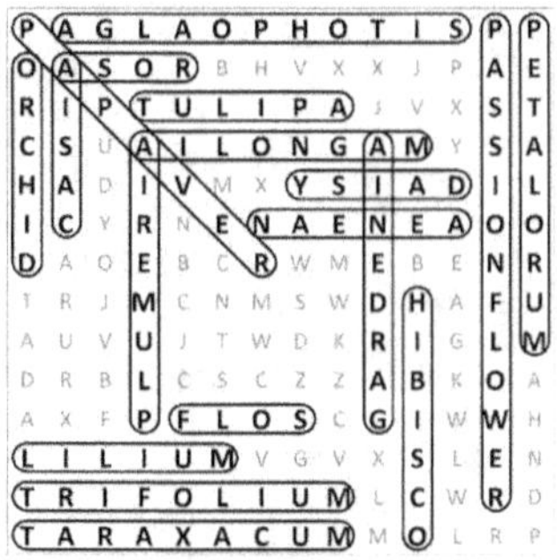

67 - Natur

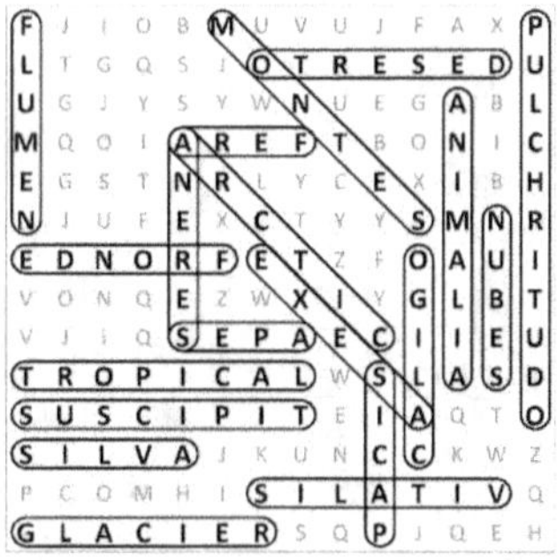

68 - Urlaub #2

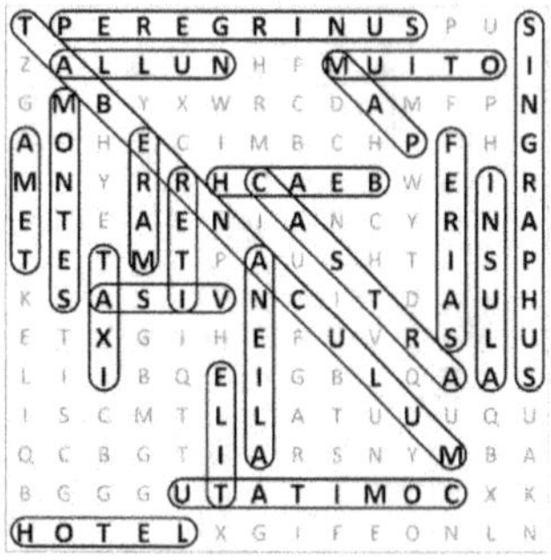

69 - Zirkus

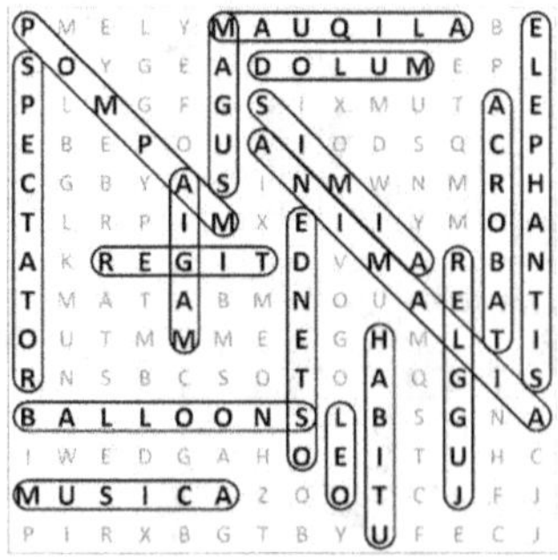

70 - Barbecues

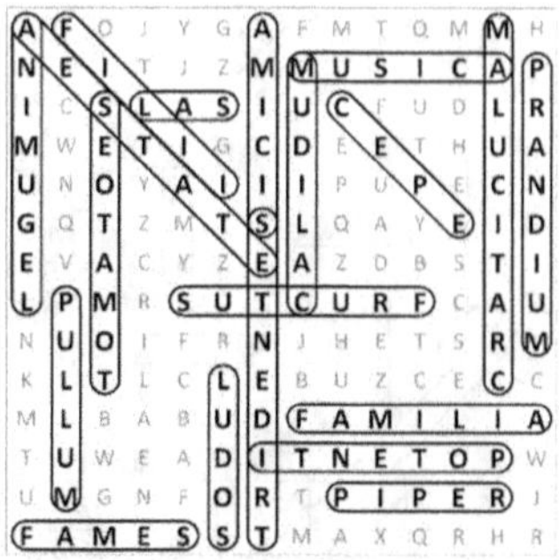

71 - Schach

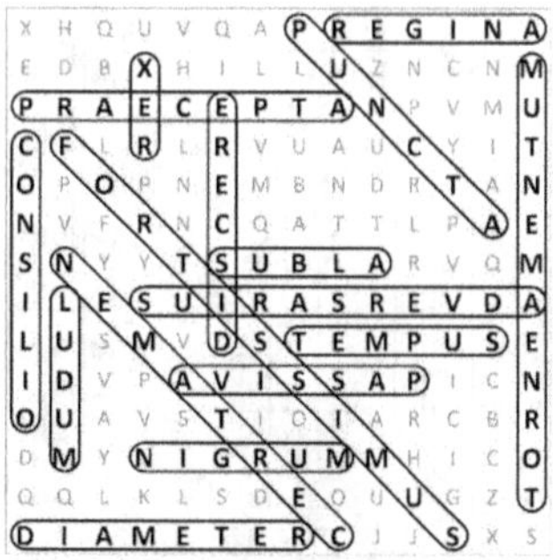

72 - Geographie

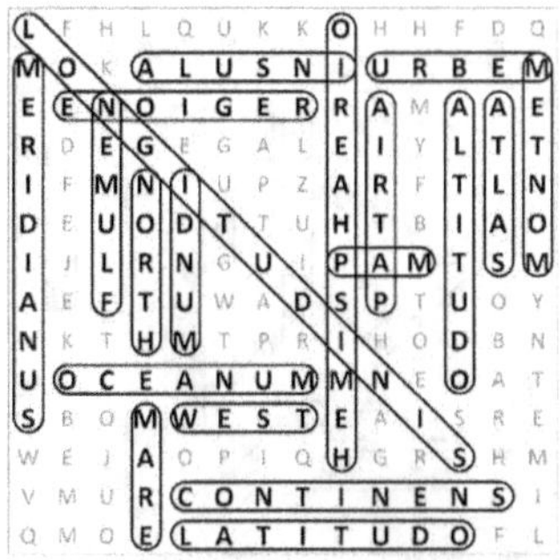

73 - Zahlen

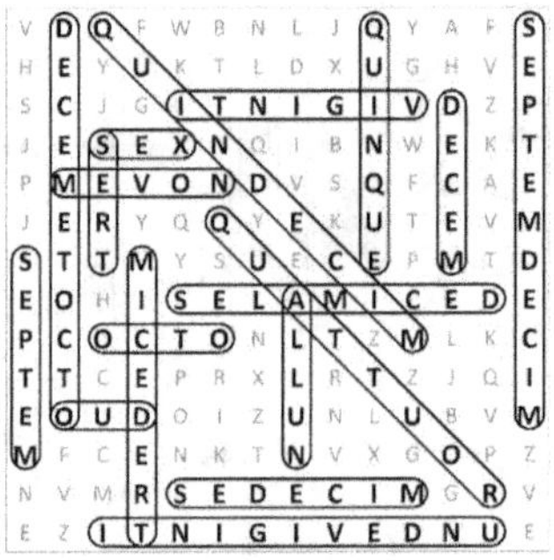

74 - Kunst Liefert

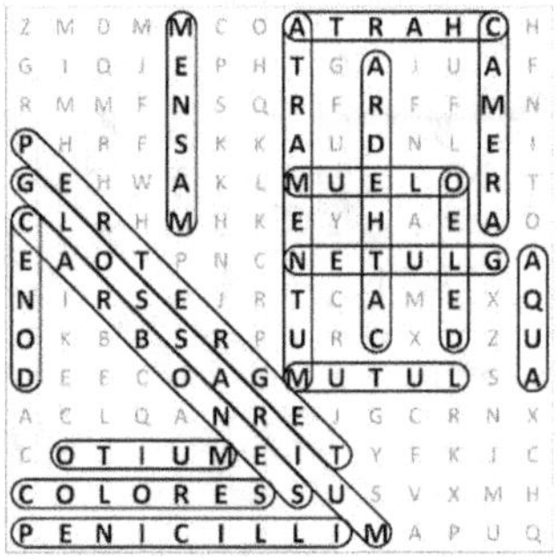

75 - Tage und Monate

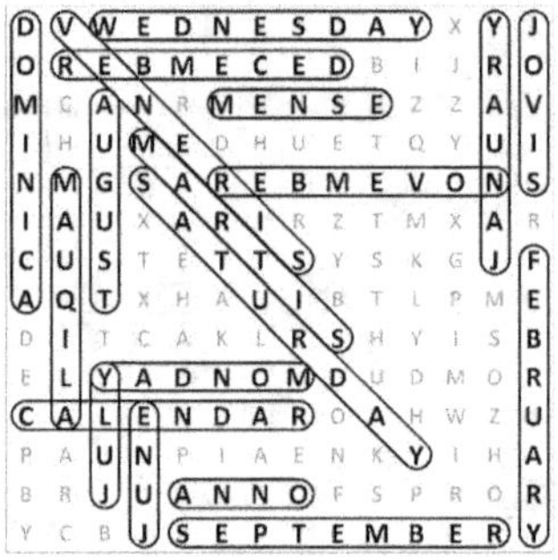

76 - Emotionen

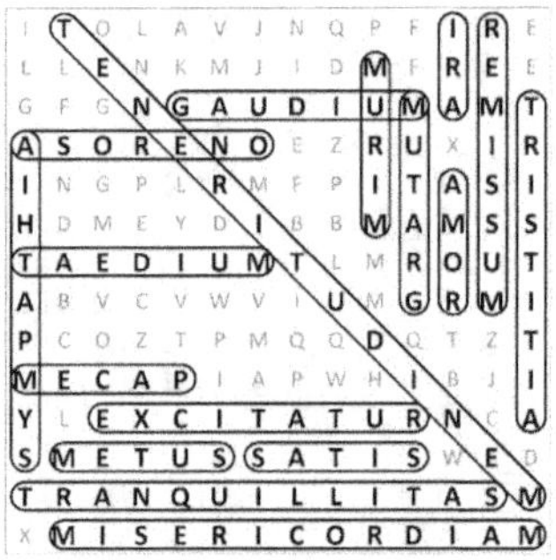

77 - Kräuterkunde

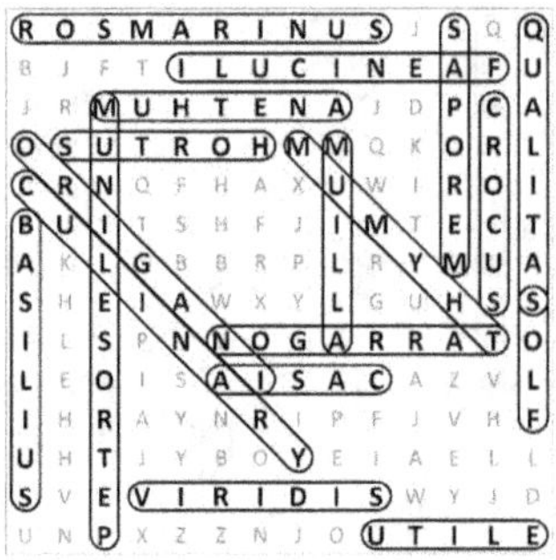

78 - Tugenden #1

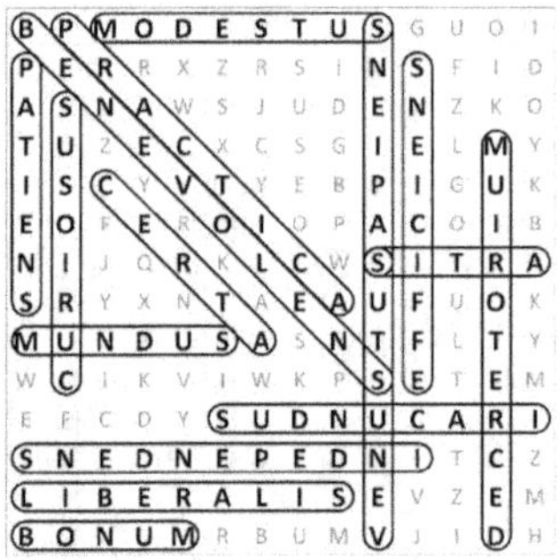

79 - Aktivitäten und Freizeit

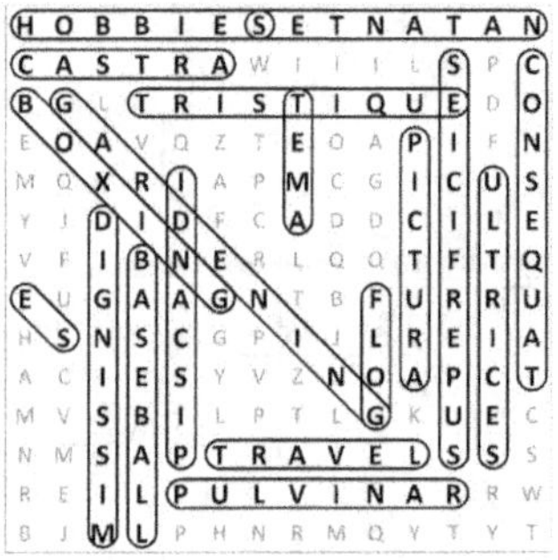

80 - Formen

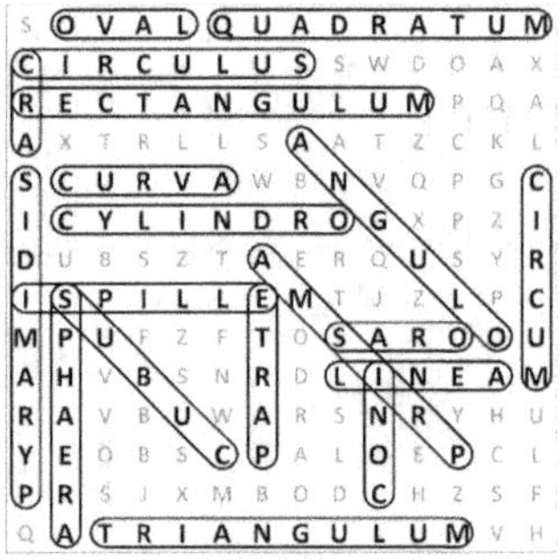

81 - Musik

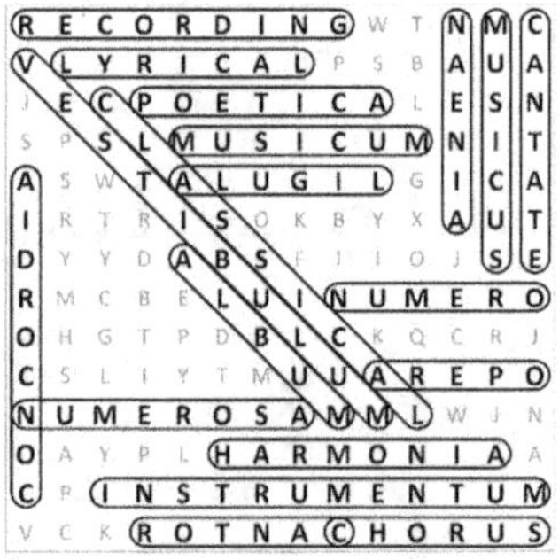

82 - Antiquitäten

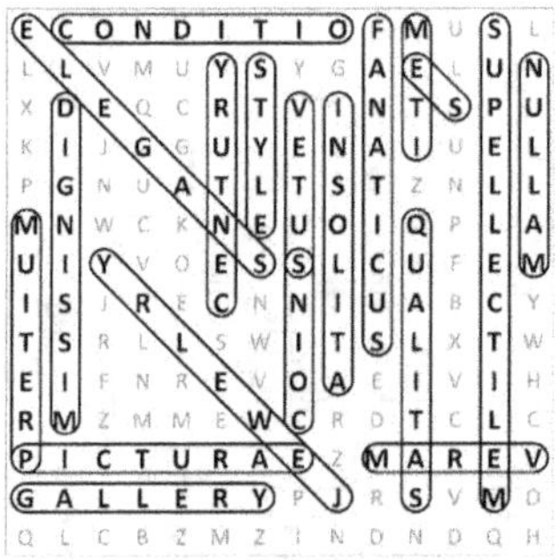

83 - Adjektive #2

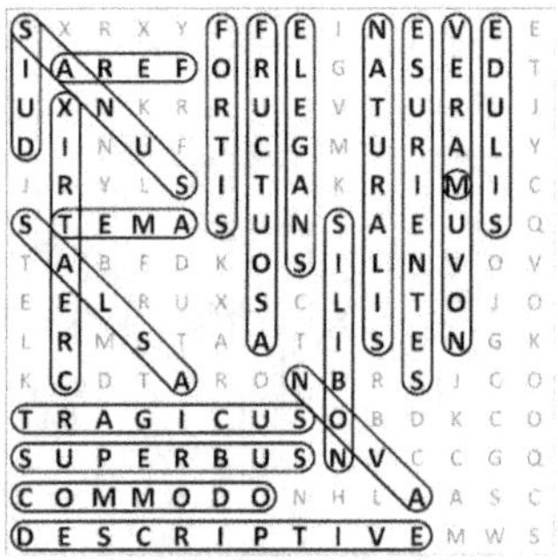

84 - Kleidung

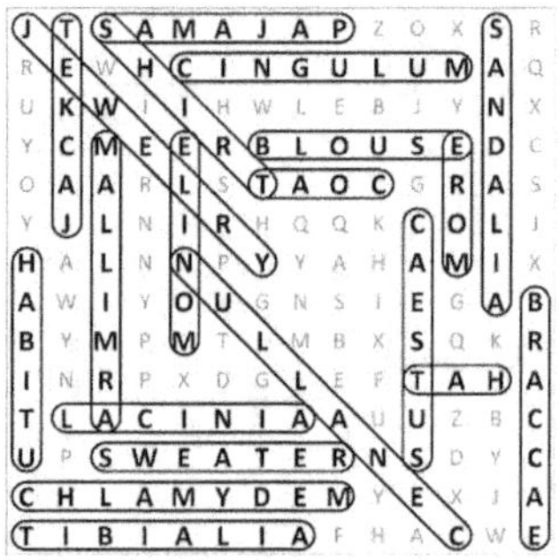

85 - Haus

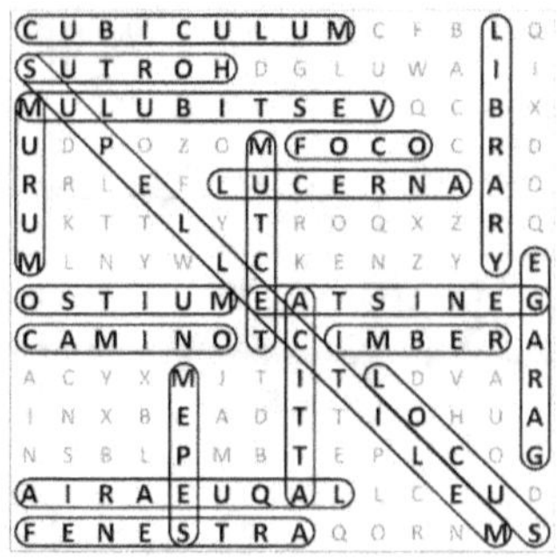

86 - Bauernhof #1

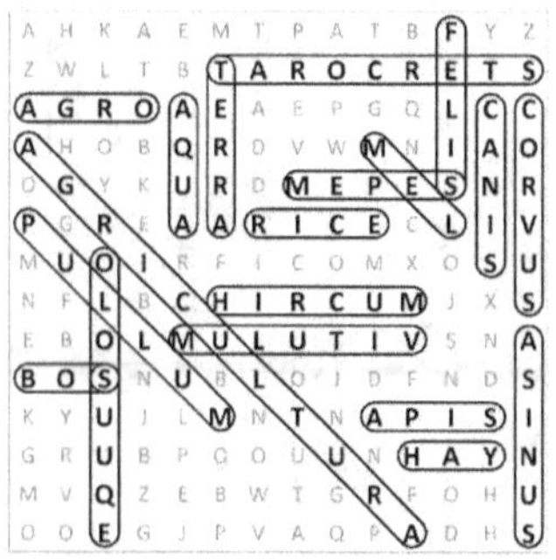

87 - Regierung

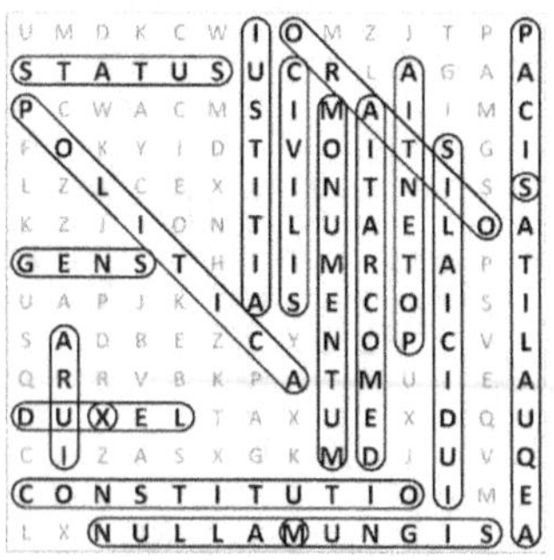

88 - Berufe #1

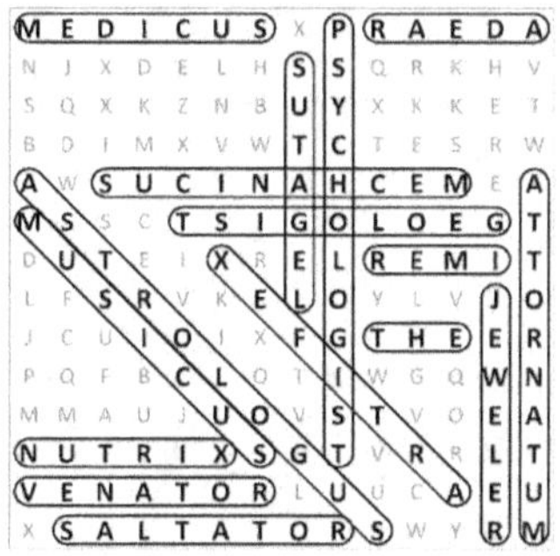

89 - Adjektive #1

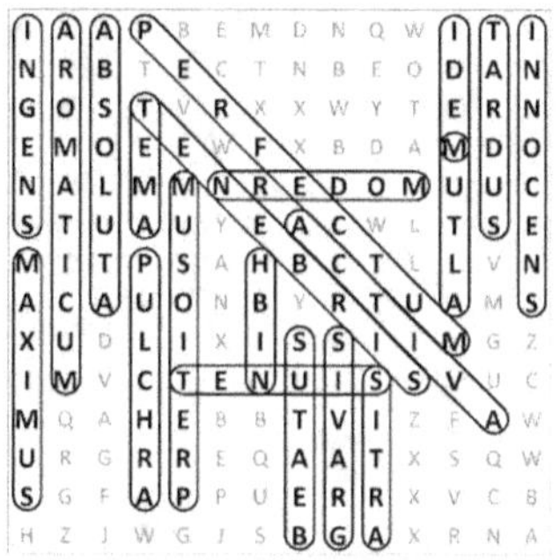

90 - Geometrie

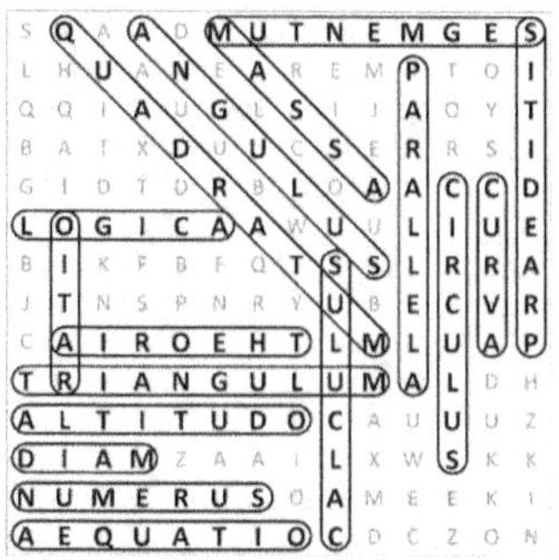

91 - Jazz

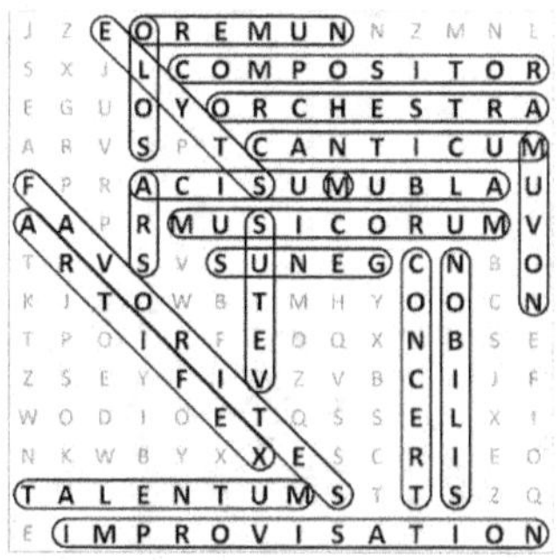

92 - Mathematik

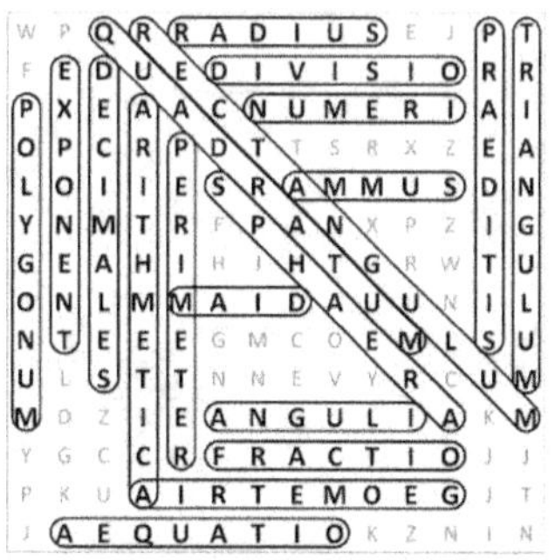

93 - Messungen

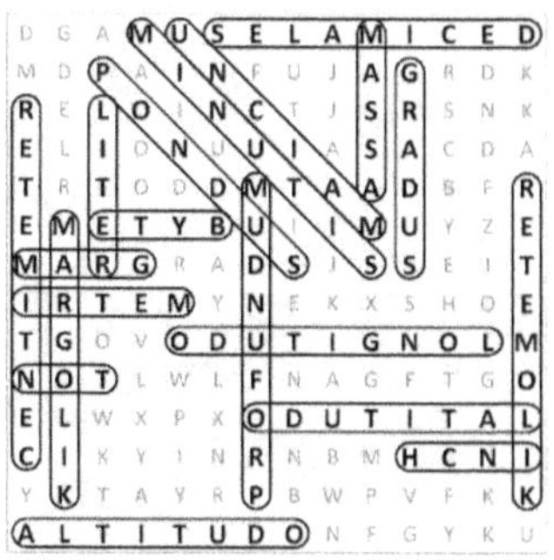

94 - Boxen

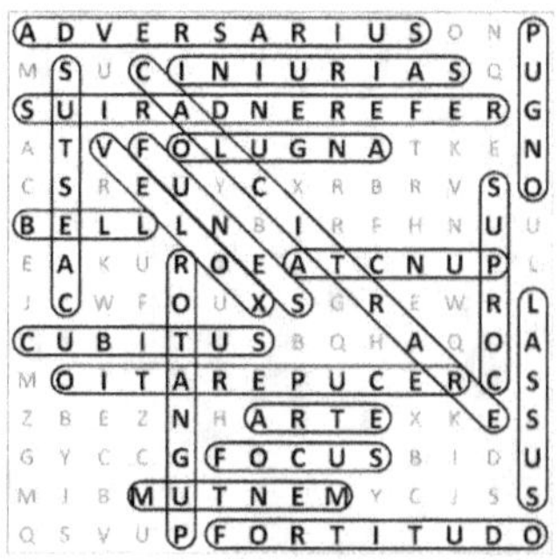

95 - Psychologie

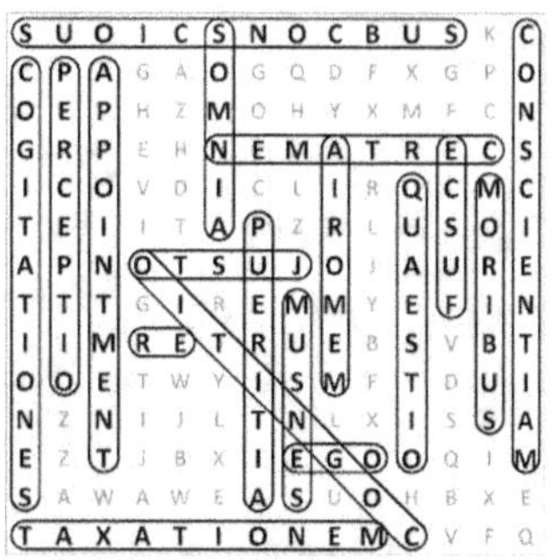

96 - Bauernhof #2

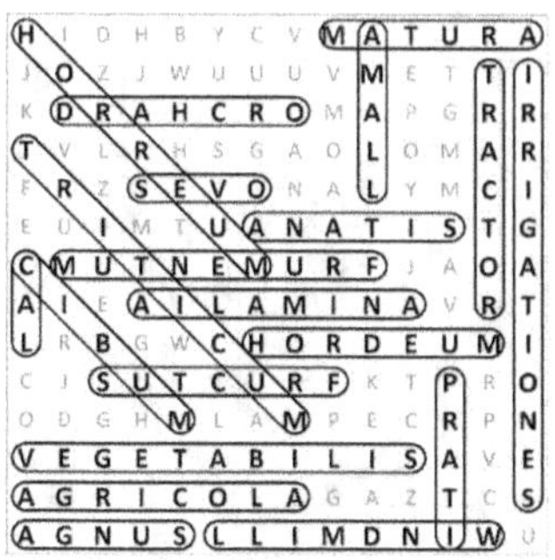

97 - Gartenarbeit

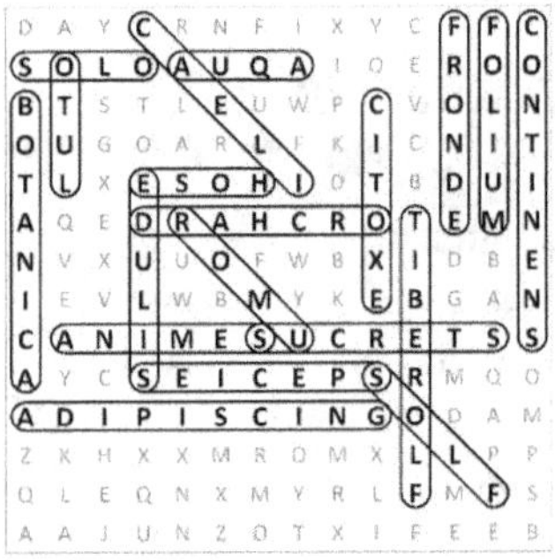

98 - Berufe #2

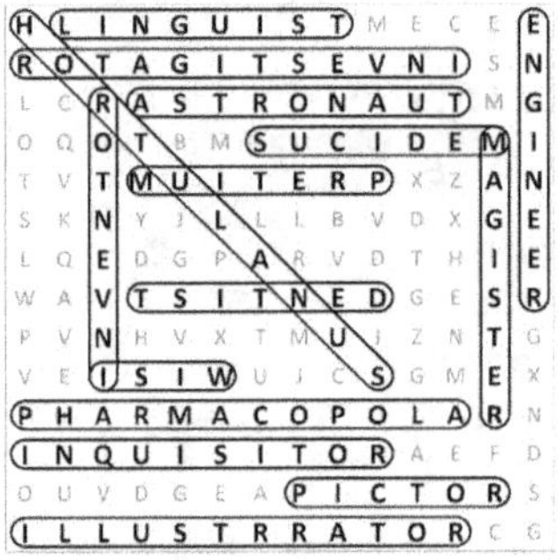

99 - Wetter

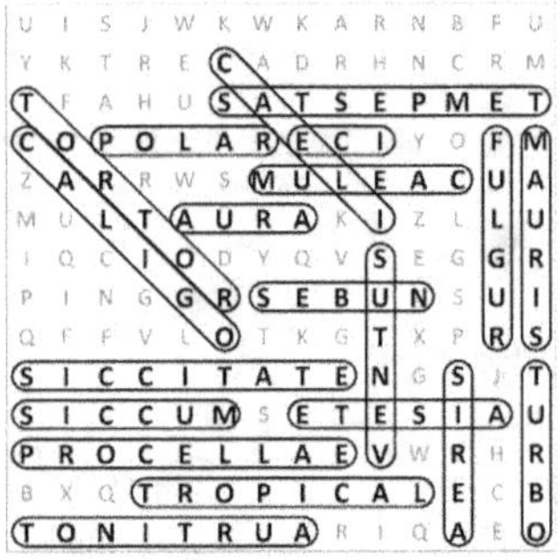

100 - Chemie

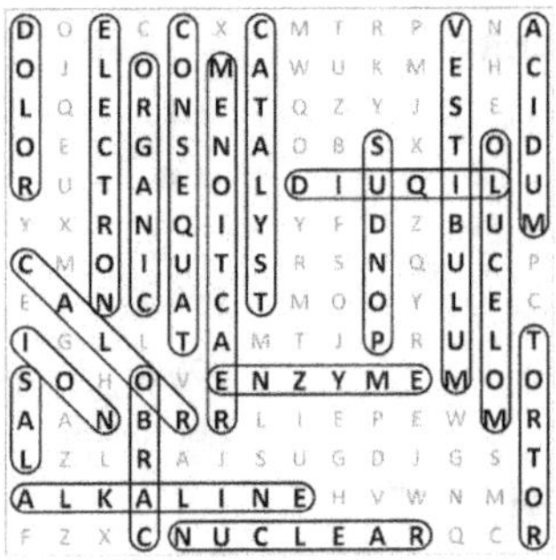

Wörterbuch

Abenteuer
Casus

Aktivität	Actio
Ausflug	Peregrinandum
Begeisterung	Studium
Chance	Forte
Freude	Gaudium
Freunde	Amicis
Gefährlich	Periculosum
Gelegenheit	Occasionem
Natur	Natura
Navigation	Navigationem
Neu	Novum
Route	Itinerarium
Schönheit	Pulchritudo
Schwierigkeit	Difficultas
Sicherheit	Salutem
Tapferkeit	Virtute
Ungewöhnlich	Insolita
Überraschend	Mirum
Vorbereitung	Praeparatio

Adjektive #1
Adiectiva #1

Absolut	Absoluta
Aktiv	Activa
Aromatisch	Aromaticum
Attraktiv	Nibh
Dunkel	Tenebris
Dünn	Tenuis
Ehrlich	Amet
Glücklich	Beatus
Identisch	Idem
Künstlerisch	Artis
Langsam	Tardus
Modern	Modern
Perfekt	Perfectum
Riesig	Ingens
Schön	Pulchra
Schwer	Gravis
Tief	Altum
Unschuldig	Innocens
Wertvoll	Pretiosum
Wichtig	Maximus

Adjektive #2
Adiectiva #2

Authentisch	Veram
Berühmt	Nobilis
Beschreibend	Descriptive
Dramatisch	Tragicus
Elegant	Elegans
Essbar	Edulis
Frisch	Nova
Gesund	Sanus
Hungrig	Esurientes
Interessant	Commodo
Kreativ	Creatrix
Natürlich	Naturalis
Neu	Novum
Normal	Duis
Produktiv	Fructuosa
Salzig	Salsa
Stark	Fortis
Stolz	Superbus
Verantwortlich	Amet
Wild	Fera

Aktivitäten
Operationes

Aktivität	Actio
Angeln	Piscandi
Camping	Castra
Fähigkeit	Arte
Fotografie	Consequat
Freizeit	Otium
Gartenarbeit	Gardening
Gemälde	Pictura
Interessen	Commodis
Jagd	Venatione
Kunst	Es
Kunsthandwerk	Artes
Lesen	Lectio
Magie	Magia
Nähen	Sutura
Spiele	Ludos
Stricken	Knitting
Vergnügen	Voluptatem

Aktivitäten und Freizeit
Operationes et Otium

Angeln	Piscandi
Baseball	Baseball
Basketball	Ultrices
Boxen	Boxing
Camping	Castra
Entspannend	Amet
Fussball	Dignissim
Gartenarbeit	Gardening
Gemälde	Pictura
Golf	Golf
Hobbies	Hobbies
Kunst	Es
Reise	Travel
Schwimmen	Natantes
Surfen	Superficies
Tauchen	Consequat
Tennis	Tristique
Volleyball	Pulvinar

Algebra
Algebra

Bruchteil	Fractio
Diagramm	Diagram
Exponent	Exponent
Faktor	Factor
Falsch	Falsum
Formel	Formula
Gleichung	Aequatio
Linear	Linearibus
Lösen	Solvere
Lösung	Solutio
Matrix	Matrix
Menge	Quantitas
Null	Nulla
Nummer	Numerus
Problem	Quaestio
Subtraktion	Subtraction
Summe	Summa
Unendlich	Infinita
Variable	Variabilis
Vereinfachen	Aliquam

Angeln
Piscandi

Ausrüstung	Apparatu
Boot	Navi
Draht	Filum
Fluss	Flumen
Geduld	Patientia
Gewicht	Pondus
Haken	Hamo
Jahreszeit	Temporum
Kiefer	Maxilla
Kiemen	Branchias
Kochen	Coques
Korb	Canistrum
Köder	Esca
Ozean	Oceanum
See	Lacus
Strand	Beach
Übertreibung	Augendo
Wasser	Aqua

Antarktis
Antarctica

Bucht	Bay
Eis	Ice
Expedition	Expeditione
Felsig	Rocky
Forscher	Inquisitorem
Geographie	Geographia
Halbinsel	Peninsula
Inseln	Insulae
Kontinent	Continens
Migration	Migratio
Mineralien	Mineralibus
Temperatur	Tortor
Topographie	Topographia
Umwelt	Environment
Vögel	Aves
Wale	Cete
Wasser	Aqua
Wetter	Tempestas
Wind	Ventis
Wissenschaftlich	Scientific

Antiquitäten
Antiques

Alt	Vetus
Artikel	Item
Authentisch	Veram
Dekorativ	Nullam
Elegant	Elegans
Enthusiast	Fanaticus
Galerie	Gallery
Gemälde	Picturae
Investition	Dignissim
Jahrhundert	Century
Kunst	Es
Möbel	Supellectilem
Münzen	Coins
Preis	Pretium
Qualität	Qualitas
Schmuck	Jewelry
Stil	Style
Ungewöhnlich	Insolita
Zustand	Conditio

Archäologie
Antiquitatis

Analyse	Analysis
Antiquität	Antiquitatis
Auswertung	Aestimatio
Experte	Peritus
Forscher	Inquisitorem
Fossil	Fossile
Geheimnis	Mysterium
Grab	Monumentum
Knochen	Ossa
Mannschaft	Dolor
Nachkomme	Successio
Objekte	Obiecta
Professor	Professor
Relikt	Reliquia
Tempel	Templum
Unbekannt	Ignotum
Uralt	Antiqua
Vergessen	Oblitus
Zivilisation	Cultu

Astronomie
Astronomia

Asteroid	Asteroidem
Astronaut	Astronaut
Astronom	Astrologus
Erde	Terra
Himmel	Caelum
Komet	Cometa
Konstellation	Sidus
Kosmos	Cosmos
Meteor	Meteoron
Mond	Luna
Nebel	Nebula
Observatorium	Observatorium
Planet	Planeta
Rakete	Eruca
Satellit	Satelles
Stern	Stella
Supernova	Supernova
Teleskop	Telescopium
Tierkreis	Zodiac
Universum	Universi

Ballett
Talarium

Anmutig	Decorum
Ausdrucksvoll	Expressivum
Choreographie	Choreography
Fähigkeit	Arte
Geste	Gestu
Intensität	Intensionem
Komponist	Compositor
Künstlerisch	Artis
Musik	Musica
Muskel	Musculi
Orchester	Orchestra
Praxis	Usu
Probe	Recensendum
Publikum	Auditores
Rhythmus	Numero
Solo	Solo
Stil	Style
Tänzer	Saltatores
Technik	Ars

Barbecues
Barbecues

Abendessen	Prandium
Familie	Familia
Freunde	Amicis
Frucht	Fructus
Gabeln	Tridentes
Gemüse	Legumina
Grill	Craticulam
Heiss	Calidum
Huhn	Pullum
Hunger	Fames
Kinder	Filii
Musik	Musica
Pfeffer	Piper
Salate	Potenti
Salz	Sal
Sommer	Aestate
Sosse	Condimentum
Spiele	Ludos
Tomaten	Tomatoes
Zwiebeln	Cepe

Bauernhof #1
Farm #1

Biene	Apis
Boden	Solo
Dünger	Stercorat
Esel	Asinus
Feld	Agro
Heu	Hay
Honig	Mel
Huhn	Pullum
Hund	Canis
Kalb	Vitulum
Katze	Felis
Krähe	Corvus
Kuh	Bos
Land	Terra
Landwirtschaft	Agricultura
Pferd	Equus
Reis	Rice
Wasser	Aqua
Zaun	Sepem
Ziege	Hircum

Bauernhof #2
Farm #2

Bauer	Agricola
Bewässerung	Irrigationes
Ente	Anatis
Essen	Cibum
Frucht	Fructus
Gemüse	Vegetabilis
Gerste	Hordeum
Lama	Llama
Lamm	Agnus
Mais	Frumentum
Milch	Lac
Obstgarten	Orchard
Reif	Matura
Schaf	Oves
Scheune	Horreum
Tiere	Animalia
Traktor	Tractor
Weizen	Triticum
Wiese	Prati
Windmühle	Windmill

Berufe #1
Professionibus #1

Arzt	Medicus
Astronom	Astrologus
Bankier	Remi
Botschafter	Legatus
Buchhalter	Computantis
Geologe	Geologist
Jäger	Venator
Juwelier	Jeweler
Kartograph	Cartographer
Klempner	Plumbarius
Krankenschwester	Nutrix
Künstler	Artifex
Mechaniker	Mechanicus
Musiker	Musicus
Pianist	The
Psychologe	Psychologist
Rechtsanwalt	Attornatum
Tänzer	Saltator
Tierarzt	Veterinarius
Trainer	Raeda

Berufe #2
Professionibus #2

Arzt	Medicus
Astronaut	Astronaut
Biologe	Biologist
Chemiker	Pharmacopola
Detektiv	Inquisitor
Erfinder	Inventor
Ermittler	Investigator
Forscher	Inquisitorem
Fotograf	Pretium
Gärtner	Hortulanus
Illustrator	Illustrrator
Ingenieur	Engineer
Journalist	Wisi
Lehrer	Magister
Linguist	Linguist
Maler	Pictor
Philosoph	Philosophus
Pilot	Gubernator
Zahnarzt	Dentist
Zoologe	Zoologist

Bienen
Apes

Bestäuber	Pollinator
Bienenkorb	Alveo
Blumen	Flores
Blüte	Florebit
Flügel	Alis
Frucht	Fructus
Garten	Hortus
Honig	Mel
Insekt	Insect
Königin	Regina
Lebensraum	Habitat
Ökosystem	Ecosystem
Pflanzen	Plantis
Pollen	Pollen
Rauch	Fumus
Schwarm	Miscentur
Sonne	Sol
Vielfalt	Diversitas
Vorteilhaft	Utile
Wachs	Cera

Bildende Kunst
Artibus

Architektur	Architectura
Bleistift	Graphium
Film	Duis
Foto	Photograph
Gemälde	Pictura
Holzkohle	Carbones
Kreativität	Glossarium
Kreide	Creta
Künstler	Artifex
Meisterwerk	Palmarius
Perspektive	Prospectum
Porträt	Effigies
Schablone	Stencil
Staffelei	Otium
Stift	Pen
Ton	Lutum
Wachs	Cera
Zusammensetzung	Compositio

Blumen
Flores

Blütenblatt	Petalorum
Gardenie	Gardenia
Gänseblümchen	Daisy
Hibiskus	Hibisco
Jasmin	Aenean
Klee	Trifolium
Lavendel	Casia
Lilie	Lilium
Löwenzahn	Taraxacum
Magnolie	Magnolia
Mohn	Papaver
Orchidee	Orchid
Passionsblume	Passionflower
Pfingstrose	Aglaophotis
Plumeria	Plumeria
Rose	Rosa
Sonnenblume	Helianthus
Strauss	Flos
Tulpe	Tulipa

Boote
Navibus

Anker	Anchor
Boje	Sustineo
Crew	Cantavit
Dock	Gregem
Fähre	Porttitor
Floss	Ratis
Fluss	Flumen
Kajak	Kayak
Kanu	Linter
Meer	Mare
Motor	Engine
Nautisch	Nauticis
Ozean	Oceanum
See	Lacus
Seemann	Nauta
Segelboot	Navis
Seil	Funem
Tide	Aestus
Wellen	Fluctus
Yacht	Yacht

Boxen
Boxing

Ecke	Angulo
Ellbogen	Cubitus
Erschöpft	Lassus
Faust	Pugno
Fähigkeit	Arte
Fokus	Focus
Gegner	Adversarius
Glocke	Bell
Handschuhe	Caestus
Kämpfer	Pugnator
Kick	Calcitrare
Kinn	Mentum
Körper	Corpus
Punkte	Puncta
Recovery	Recuperatio
Schiedsrichter	Referendarius
Schnell	Velox
Seile	Funes
Stärke	Fortitudo
Verletzungen	Iniurias

Bücher
Books

Abenteuer	Casus
Autor	Auctor
Charakter	Moribus
Dualität	Dualitatem
Erfinderisch	Ingeniosus
Gedicht	Carmen
Geschichte	Fabula
Geschrieben	Scriptum
Historisch	Historica
Humorvoll	Hujusmodi
Kollektion	Collectio
Kontext	Context
Leser	Lector
Literarisch	Litterarum
Poesie	Carmina
Relevant	Pertinet
Roman	Nove
Seite	Page
Serie	Series
Tragisch	Tragici

Camping
Castra

Abenteuer	Casus
Bäume	Arbores
Berg	Montem
Feuer	Ignis
Hängematte	Hammock
Hut	Hat
Insekt	Insect
Jagd	Venatione
Kabine	Cameram
Kanu	Linter
Karte	Map
Kompass	Decima
Laterne	Cornu
Mond	Luna
Natur	Natura
See	Lacus
Seil	Funem
Tiere	Animalia
Wald	Silva
Zelt	Tabernaculum

Chemie
Chemia

Alkalisch	Alkaline
Chlor	Consequat
Elektron	Electron
Enzym	Enzyme
Flüssigkeit	Liquid
Gas	Vestibulum
Gewicht	Pondus
Hitze	Calor
Ion	Ion
Katalysator	Catalyst
Kohlenstoff	Carbo
Molekül	Moleculo
Nuklear	Nuclear
Organisch	Organic
Reaktion	Reactionem
Salz	Sal
Sauerstoff	Dolor
Säure	Acidum
Temperatur	Tortor
Wasserstoff	Consectetuer

Diplomatie
Condicionibus

Ausländisch	Aliena
Berater	Auctor
Botschaft	Legationem
Botschafter	Legatus
Bürger	Cives
Diplomatisch	Diplomaticae
Diskussion	Disputationem
Ethik	Ethicorum
Gemeinschaft	Communitas
Gerechtigkeit	Iustitia
Humanitär	Humanitarian
Integrität	Integritate
Konflikt	Certamen
Lösung	Solutio
Politik	Politica
Regierung	Imperium
Sicherheit	Securitatem
Sprachen	Linguis
Vertrag	Tractatus
Zusammenarbeit	Cooperatio

Emotionen
Affectus

Angst	Metus
Aufgeregt	Excitatur
Beschämt	Onerosa
Dankbar	Gratum
Entspannt	Remissum
Freude	Gaudium
Freundlichkeit	Misericordiam
Frieden	Pacem
Langeweile	Taedium
Liebe	Amor
Ruhig	Tranquillitas
Sympathie	Sympathia
Traurigkeit	Tristitia
Überraschen	Mirum
Wut	Ira
Zärtlichkeit	Teneritudinem
Zufrieden	Satis

Energie
Vestibulum

Batterie	Pugna
Benzin	Gasoline
Brennstoff	Esca
Diesel	Pellentesque
Elektrisch	Ultrices
Elektron	Electron
Entropie	Entropy
Erneuerbar	Renewable
Hitze	Calor
Industrie	Industria
Kohlenstoff	Carbo
Motor	Motor
Nuklear	Nuclear
Photon	Photon
Sonne	Sol
Turbine	Turbine
Umwelt	Environment
Verschmutzung	Pollutio
Wasserstoff	Consectetuer
Wind	Ventus

Ernährung
Nutritionem

Appetit	Appetitus
Ausgewogen	Libratum
Bitter	Amara
Diät	Diet
Essbar	Edulis
Fermentation	Fermentum
Geschmack	Saporem
Gesund	Sanus
Gesundheit	Salutem
Gewicht	Pondus
Kalorien	Adipiscing
Kohlenhydrate	Carbohydrates
Nährstoff	Cibus
Portion	Pars
Proteine	Servo
Qualität	Qualitas
Sosse	Condimentum
Toxin	Toxin
Verdauung	Concoctionem
Vitamin	Vitaminum

Essen #1
Cibum #1

Basilikum	Basilius
Birne	Pirum
Erdbeere	Fragum
Erdnuss	Eros
Fleisch	Cibum
Gerste	Hordeum
Kaffee	Capulus
Karotte	Daucus
Knoblauch	Allium
Milch	Lac
Rübe	Rapa
Saft	Sucus
Salat	Sem
Salz	Sal
Spinat	Spinach
Suppe	Elit
Thunfisch	Tuna
Zitrone	Lemon
Zucker	Sugar
Zwiebel	Cepa

Essen #2
Cibum #2

Apfel	Apple
Artischocke	Cactus
Aubergine	Eggplant
Brokkoli	Algentem
Brot	Panem
Ei	Ovum
Fisch	Pisces
Huhn	Pullum
Joghurt	Yogurt
Käse	Caseus
Kirsche	Cerasus
Mandel	Vigilantem
Pilz	Fungorum
Reis	Rice
Schinken	Ham
Schokolade	Scelerisque
Sellerie	Apium
Spargel	Asparagus
Traube	Uva
Weizen	Triticum

Ethik
Ethicorum

Altruismus	Altruism
Diplomatisch	Diplomaticae
Ehrlichkeit	Honestatis
Freundlichkeit	Misericordiam
Geduld	Patientia
Individualismus	Quisque
Integrität	Integritate
Menschheit	Humanitatis
Mitgefühl	Misericordia
Optimismus	Spe
Philosophie	Philosophia
Realismus	Realismus
Respektvoll	Reverentior
Toleranz	Tolerantia
Vernünftig	Rationabile
Weisheit	Sapientia
Werte	Bona
Würde	Dignitatem
Zusammenarbeit	Cooperatio

Fahren
Pulsis

Auto	Car
Bremsen	Dumeta
Brennstoff	Esca
Fussgänger	Pedestrem
Garage	Garage
Gas	Vestibulum
Gefahr	Periculum
Geschwindigkeit	Celeritate
Karte	Map
Lizenz	Licentia
Lkw	Dolor
Motor	Motor
Motorrad	Motorcycle
Polizei	At
Sicherheit	Salutem
Transport	Nulla
Tunnel	Cuniculum
Unfall	Accidens
Verkehr	Aenean
Vorsicht	Caute

Fahrzeuge
Vehicula

Auto	Car
Boot	Navi
Fähre	Porttitor
Floss	Ratis
Flugzeug	Vivamus
Hubschrauber	Helicopter
Krankenwagen	Ambulance
Lkw	Dolor
Motor	Motor
Rakete	Eruca
Reifen	Tires
Roller	Scooter
Taxi	Taxi
Traktor	Tractor
U-Bahn	Subway
U-Boot	Submarine
Wohnwagen	Comitatum
Zug	Comitatu

Familie
Familia

Bruder	Frater
Ehefrau	Uxor
Ehemann	Vir
Grossmutter	Avia
Grossvater	Avus
Kind	Puer
Kinder	Filii
Kindheit	Pueritia
Mutter	Mater
Mütterlich	Materno
Neffe	Nepos
Nichte	Neptis
Onkel	Patruus
Schwester	Soror
Tante	Matertera
Tochter	Filia
Vater	Pater
Väterlich	Paterni
Vetter	Cognata
Vorfahr	Ancestor

Flugzeuge
Airplanes

Abenteuer	Casus
Abstieg	Descensus
Atmosphäre	Aeris
Aufblasen	Inflamus
Ballon	Balloon
Brennstoff	Esca
Crew	Cantavit
Design	Consilium
Geschichte	Historia
Himmel	Caelum
Höhe	Altitudo
Konstruktion	Constructione
Luft	Aer
Motor	Engine
Navigieren	Navigare
Passagier	Transeunte
Pilot	Gubernator
Turbulenz	Ferociam
Wasserstoff	Consectetuer
Wetter	Tempestas

Formen
Figuris

Bogen	Arc
Dreieck	Triangulum
Ecke	Angulo
Ellipse	Ellipsi
Kanten	Oras
Kegel	Coni
Kreis	Circulus
Kugel	Sphaera
Kurve	Curva
Linie	Linea
Oval	Oval
Polygon	Polygonum
Prisma	Prisma
Pyramide	Pyramidis
Quadrat	Quadratum
Rechteck	Rectangulum
Rund	Circum
Seite	Parte
Würfel	Cubus
Zylinder	Cylindro

Garten
Hortus

Bank	Banco
Baum	Arbor
Blume	Flos
Boden	Solo
Busch	Bush
Garage	Garage
Garten	Hortus
Gras	Herba
Hängematte	Hammock
Obstgarten	Orchard
Rechen	Sarculum
Schaufel	Rutrum
Schlauch	Hose
Teich	Eget
Terrasse	Xystum
Trampolin	Trampoline
Unkraut	Zizania
Zaun	Sepem

Gartenarbeit
Gardening

Art	Species
Blatt	Folium
Blüte	Florebit
Boden	Solo
Botanisch	Botanica
Container	Continens
Essbar	Edulis
Exotisch	Exotic
Feuchtigkeit	Umor
Klima	Caeli
Kompost	Stercus
Laub	Fronde
Obstgarten	Orchard
Saat	Semina
Saisonal	Adipiscing
Schlauch	Hose
Schmutz	Luto
Strauss	Flos
Wasser	Aqua

Gebäude
Aedificia

Bauernhof	Farm
Botschaft	Legationem
Fabrik	Factory
Garage	Garage
Haus	Domus
Herberge	Hospicio
Hotel	Hotel
Kabine	Cameram
Krankenhaus	Hospitalis
Labor	Nulla
Museum	Museum
Observatorium	Observatorium
Scheune	Horreum
Schule	Schola
Stadion	Stadium
Supermarkt	Forum
Theater	Theatrum
Turm	Turris
Universität	University
Zelt	Tabernaculum

Gemüse
Legumina

Artischocke	Cactus
Aubergine	Eggplant
Blumenkohl	Brassica
Brokkoli	Algentem
Erbse	Pisum
Gurke	Cucumis
Ingwer	Gingiber
Karotte	Daucus
Knoblauch	Allium
Kürbis	Cucurbita
Olive	Olivae
Petersilie	Petroselinum
Pilz	Fungorum
Rettich	Radicula
Rübe	Rapa
Salat	Sem
Schalotte	Shallot
Sellerie	Apium
Spinat	Spinach
Zwiebel	Cepa

Geographie
Geographia

Atlas	Atlas
Berg	Montem
Breite	Latitudo
Fluss	Flumen
Gebiet	Territorio
Hemisphäre	Hemisphaerio
Höhe	Altitudo
Insel	Insula
Karte	Map
Kontinent	Continens
Land	Patria
Längengrad	Longitudinis
Meer	Mare
Meridian	Meridianus
Norden	North
Ozean	Oceanum
Region	Regione
Stadt	Urbem
Welt	Mundi
West	West

Geologie
Nederlandicae

Erdbeben	Terraemotus
Erosion	Exesa
Fossil	Fossile
Geschmolzen	Fusile
Geysir	Geyser
Höhle	Specus
Kalzium	Calcium
Kontinent	Continens
Koralle	Coral
Lava	Lava
Mineralien	Mineralibus
Plateau	Plateau
Quarz	Quartz
Salz	Sal
Säure	Acidum
Stalagmiten	Stalagmites
Stalaktit	Stalactite
Stein	Stone
Vulkan	Volcano
Zone	Mauris

Geometrie
Geometria

Anteil	Proportio
Berechnung	Calculus
Dimension	Ratio
Dreieck	Triangulum
Durchmesser	Diam
Gleichung	Aequatio
Horizontal	Vestibulum
Höhe	Altitudo
Kreis	Circulus
Kurve	Curva
Logik	Logica
Masse	Massa
Nummer	Numerus
Oberfläche	Superficiem
Parallel	Parallela
Quadrat	Quadratum
Segment	Segmentum
Symmetrie	Praeditis
Theorie	Theoria
Winkel	Angulus

Geschäft
Negotium

Arbeitgeber	Dico:
Budget	Budget
Büro	Officium
Einkommen	Reditus
Fabrik	Factory
Geld	Pecunia
Geschäft	Tabernam
Gewinn	Lucrum
Investition	Dignissim
Karriere	Curriculo
Kosten	Sumptus
Manager	Procurator
Mitarbeiter	Molestie
Rabatt	Discount
Steuern	Tributa
Transaktion	Adhibe
Verkauf	Sale
Ware	Merces
Währung	Monetæ
Wirtschaft	Parcus

Gesundheit und Wellness #1
Salutem et Sanitatem #1

Aktiv	Activa
Apotheke	Atqui
Arzt	Medicus
Bakterien	Bacteria
Behandlung	Curatio
Entspannung	Consequat
Fraktur	Fractura
Gewohnheit	Habitus
Haut	Cutis
Hormone	Hormones
Höhe	Altitudo
Hunger	Fames
Klinik	Eget
Knochen	Ossa
Medizin	Medicina
Nerven	Nervis
Reflex	Reflexum
Therapie	Justo
Verletzung	Iniuriam
Virus	Virus

Gesundheit und Wellness #2
Salutem et Sanitatem #2

Allergie	Urna
Anatomie	Anatomia
Appetit	Appetitus
Blut	Sanguinem
Diät	Diet
Energie	Vestibulum
Ernährung	Nutritionem
Genetik	Genetics
Gesund	Sanus
Gewicht	Pondus
Hygiene	Hygiene
Infektion	Infectio
Kalorie	Calorie
Krankenhaus	Hospitalis
Krankheit	Morbi
Massage	Suspendisse
Risiken	Pericula
Schlafen	Somnus
Sport	Ludis
Vitamin	Vitaminum

Gewürze
Aromata

Anis	Anethum
Bitter	Amara
Chili	Purus
Curry	Curry
Fenchel	Faeniculi
Geschmack	Saporem
Ingwer	Gingiber
Kardamom	Amomum
Knoblauch	Allium
Koriander	Coriandri
Lakritze	Liquiritiae
Muskatnuss	Nutmeg
Paprika	Paprika
Pfeffer	Piper
Safran	Crocus
Salz	Sal
Sauer	Acidum
Süss	Dulcis
Vanille	Vanilla
Zwiebel	Cepa

Haartypen
Genera Capillos

Blond	Flavis
Braun	Brown
Dick	Crassus
Dünn	Tenuis
Farbig	Coloratum
Geflochten	Tortis
Gesund	Sanus
Glatt	Lenis
Glänzend	Crus
Grau	Gray
Kahl	Calvus
Kurz	Denique
Lang	Diu
Locken	Cincinnis
Lockig	Crispus
Schwarz	Nigrum
Silber	Argentum
Trocken	Siccum
Weich	Mollis
Weiss	Albus

Haus
Domus

Besen	Genistae
Bibliothek	Library
Dach	Tectum
Dachboden	Attica
Decke	Laquearia
Dusche	Imber
Fenster	Fenestra
Garage	Garage
Garten	Hortus
Kamin	Foco
Küche	Vestibulum
Lampe	Lucerna
Möbel	Supellectilem
Schlafzimmer	Cubiculum
Schornstein	Camino
Spiegel	Speculum
Tür	Ostium
Wand	Murum
Zaun	Sepem
Zimmer	Locus

Haustiere
Pets

Eidechse	Lacerta
Essen	Cibum
Fisch	Pisces
Hase	Lepus
Hund	Canis
Katze	Felis
Kragen	Torquem
Krallen	Unguibus
Kuh	Bos
Leine	Lorum
Maus	Mus
Papagei	Psittacus
Schildkröte	Turtur
Schwanz	Cauda
Tierarzt	Veterinarius
Wasser	Aqua
Welpe	Puppy
Ziege	Hircum

Ingenieurwesen
Lorem Ipsum

Achse	Axis
Antrieb	Propellentem
Berechnung	Calculus
Diagramm	Diagram
Diesel	Pellentesque
Durchmesser	Diam
Energie	Vestibulum
Flüssigkeit	Liquid
Getriebe	Anni
Hebel	Vectium
Konstruktion	Constructione
Maschine	Apparatus
Messung	Aliquam
Motor	Motor
Stabilität	Stabilitatem
Stärke	Fortitudo
Struktur	Structura
Tiefe	Profundum
Verteilung	Distributio
Winkel	Angulus

Insekten
Insecta

Ameise	Ant
Biene	Apis
Blattlaus	Aphid
Gottesanbeterin	Mantis
Heuschrecke	Grillus
Kakerlake	Blattam
Käfer	Beetle
Larve	Uterus
Libelle	Dragonfly
Marienkäfer	Ladybug
Motte	Tinea
Mücke	Culex
Schmetterling	Papilio
Termite	Termite
Wespe	Wasp
Wurm	Vermis
Zikade	Cicada

Jazz
Jazz

Album	Album
Alt	Vetus
Berühmt	Nobilis
Favoriten	Favorites
Genre	Genus
Improvisation	Improvisation
Komponist	Compositor
Konzert	Concert
Künstler	Artifex
Lied	Canticum
Musik	Musica
Musiker	Musicorum
Neu	Novum
Orchester	Orchestra
Rhythmus	Numero
Solo	Solo
Stil	Style
Talent	Talentum
Technik	Ars
Zusammensetzung	Compositio

Kaffee
Capulus

Bitter	Amara
Creme	Cremor
Filter	Sparguntur
Flüssigkeit	Liquid
Geröstet	Assum
Geschmack	Saporem
Koffein	Julius
Mahlen	Tere
Milch	Lac
Morgen	Mane
Preis	Pretium
Schwarz	Nigrum
Tasse	Calicem
Ursprung	Origo
Vielfalt	Varietate
Wasser	Aqua
Zucker	Sugar

Kleidung
Vestimenta

Armband	Armillam
Bluse	Blouse
Gürtel	Cingulum
Halskette	Monile
Handschuhe	Caestus
Hemd	Shirt
Hose	Braccae
Hut	Hat
Jacke	Jacket
Kleid	Habitu
Mantel	Coat
Mode	More
Pullover	Sweater
Rock	Lacinia
Sandalen	Sandalia
Schal	Chlamydem
Schlafanzug	Pajamas
Schmuck	Jewelry
Schuh	Nulla Nec
Socken	Tibialia

Kraft und Schwerkraft
Vim et Gravitatem

Abstand	Procul
Achse	Axis
Center	Centrum
Druck	Curabitur
Dynamisch	Suscipit
Eigenschaften	Proprietates
Entdeckung	Inventio
Expansion	Dilatatio
Geschwindigkeit	Celeritate
Gewicht	Pondus
Magnetismus	Magnetismi
Mechanik	Mechanica
Orbit	Orbita
Physik	Physica
Planeten	Planetarum
Universal	Universalis
Zeit	Tempus

Kräuterkunde
Herbalism

Aromatisch	Aromaticum
Basilikum	Basilius
Blume	Flos
Dill	Anethum
Estragon	Tarragon
Fenchel	Faeniculi
Garten	Hortus
Geschmack	Saporem
Grün	Viridis
Knoblauch	Allium
Kulinarisch	Culinary
Lavendel	Casia
Majoran	Origani
Petersilie	Petroselinum
Qualität	Qualitas
Rosmarin	Rosmarinus
Safran	Crocus
Thymian	Thymum
Vorteilhaft	Utile
Zutat	Ingrediens

Kreativität
Glossarium

Ausdruck	Expressio
Bild	Imago
Dramatisch	Tragicus
Eindruck	Impressionem
Erfinderisch	Ingeniosus
Fähigkeit	Arte
Flüssigkeit	Fluiditatem
Gefühle	Affectus
Inspiration	Inspiratio
Intensität	Intensionem
Intuition	Intuitum
Klarheit	Claritas
Künstlerisch	Artis
Phantasie	Imaginatio
Sensation	Sensum
Spontan	Spontanea
Visionen	Visiones
Vitalität	Vitale

Kunst Liefert
Artis Commeatibus

Acryl	Donec
Bleistifte	Penicilli
Bürsten	Perterget
Farben	Colores
Holzkohle	Carbones
Kamera	Camera
Kreativität	Glossarium
Leim	Gluten
Öl	Oleum
Papier	Charta
Radiergummi	Deleo
Staffelei	Otium
Stuhl	Cathedra
Tabelle	Mensam
Tinte	Atramentum
Ton	Lutum
Wasser	Aqua

Landschaften
Donec

Berg	Montem
Eisberg	Iceberg
Fluss	Flumen
Geysir	Geyser
Gletscher	Glacier
Golf	Sinum
Halbinsel	Peninsula
Höhle	Cave
Hügel	Hill
Insel	Insula
Meer	Mare
Oase	Oasis
See	Lacus
Strand	Beach
Sumpf	Palus
Tal	Convallis
Tundra	Tundra
Vulkan	Volcano
Wasserfall	Cataracta
Wüste	Deserto

Länder #1
Regionibus #1

Ägypten	Aegypto
Brasilien	Brazil
Deutschland	Germania
Finnland	Finland
Indien	India
Irak	Iraq
Israel	Israhel
Italien	Italia
Kambodscha	Cambodia
Kanada	Canada
Lettland	Latvia
Mali	Mali
Nicaragua	Nicaragua
Norwegen	Norway
Polen	Polonia
Rumänien	Romania
Senegal	Senegalia
Spanien	Hispania
Venezuela	Venetiola
Vietnam	Vietnam

Länder #2
Regionibus #2

Albanien	Albania
Äthiopien	Aethiopia
Dänemark	Daniae
Frankreich	Gallia
Griechenland	Graecia
Haiti	Haitia
Irland	Hibernia
Jamaika	Jamaica
Japan	Japan
Kenia	Kenya
Laos	Laos
Liberia	Liberia
Mexiko	Mexico
Nepal	Nepal
Nigeria	Nigeria
Russland	Russia
Sudan	Sudania
Syrien	Syria
Uganda	Uganda
Ukraine	Ucraina

Literatur
Litteris

Analogie	Similitudo
Analyse	Analysis
Anekdote	Fabella
Autor	Auctor
Beschreibung	Description
Biographie	Vita
Dialog	Dialogus
Fiktion	Ficta
Gedicht	Carmen
Genre	Genus
Metapher	Metaphora
Poetisch	Poetica
Reim	Concordare
Rhythmus	Numero
Roman	Nove
Schlussfolgerung	Conclusio
Stil	Style
Thema	Argumentum
Tragödie	Tragoedia
Vergleich	Comparatione

Mathematik
Math

Arithmetik	Arithmetica
Bruchteil	Fractio
Dezimal	Decimales
Division	Divisio
Dreieck	Triangulum
Durchmesser	Diam
Exponent	Exponent
Geometrie	Geometria
Gleichung	Aequatio
Kugel	Sphaera
Parallel	Parallela
Polygon	Polygonum
Quadrat	Quadratum
Radius	Radius
Rechteck	Rectangulum
Summe	Summa
Symmetrie	Praeditis
Umfang	Perimeter
Winkel	Anguli
Zahlen	Numeri

Meditation
Meditatio

Annahme	Acceptio
Atmung	Spirans
Aufmerksamkeit	Operam
Bewegung	Motus
Dankbarkeit	Gratia
Freundlichkeit	Misericordiam
Frieden	Pacem
Gedanken	Cogitationes
Geistig	Mentis
Glück	Felicitas
Klarheit	Claritas
Lehre	Doctrina
Lernen	Discere
Mitgefühl	Misericordia
Musik	Musica
Natur	Natura
Perspektive	Prospectum
Ruhig	Tranquillitas
Stille	Silentium
Verstand	Mens

Menschlicher Körper
Corpus Humanum

Bein	Crus
Blut	Sanguinem
Ellbogen	Cubitus
Finger	Digitus
Gehirn	Cerebrum
Gesicht	Faciem
Hals	Collum
Hand	Manu
Haut	Cutis
Herz	Cor
Kiefer	Maxilla
Kinn	Mentum
Knie	Genu
Knöchel	Tarso
Kopf	Caput
Mund	Ore
Nase	Naribus
Ohr	Auris
Schulter	Humerum
Zunge	Lingua

Messungen
Mensurae

Breite	Latitudo
Byte	Byte
Dezimal	Decimales
Gewicht	Pondus
Grad	Gradus
Gramm	Gram
Höhe	Altitudo
Kilogramm	Kilogram
Kilometer	Kilometer
Länge	Longitudo
Liter	Liter
Masse	Massa
Meter	Metri
Minute	Minutis
Tiefe	Profundum
Tonne	Ton
Unze	Unciam
Zentimeter	Centimeter
Zoll	Inch

Musik
Musica

Album	Album
Aufnahme	Recording
Ballade	Naenia
Chor	Chorus
Harmonie	Concordia
Harmonisch	Harmonia
Improvisieren	Vestibulum
Instrument	Instrumentum
Klassisch	Classical
Lyrisch	Lyrical
Melodie	Cantate
Mikrofon	Ligula
Musical	Musicum
Musiker	Musicus
Oper	Opera
Poetisch	Poetica
Rhythmisch	Numerosa
Rhythmus	Numero
Sänger	Cantor

Musikinstrumente
Organis

Banjo	Banjo
Cello	Cello
Fagott	Bassoon
Flöte	Tibia
Geige	Vitae
Gitarre	Cithara
Glockenspiel	Pleni
Gong	Gong
Klarinette	Tibiae
Klavier	Piano
Mandoline	Mandolin
Mundharmonika	Harmonica
Oboe	Sonata
Posaune	Trombone
Saxophon	Saxophone
Schlagzeug	Percussus
Tamburin	Tympanum
Trompete	Tuba

Mythologie
Fabularis

Archetyp	Archetypum
Blitz	Fulgur
Donner	Tonitrua
Eifersucht	Zelus
Held	Heros
Himmel	Caelum
Katastrophe	Cladis
Kreatur	Creatura
Krieger	Bellator
Kultur	Cultura
Labyrinth	Labyrinthus
Legende	Legend
Magisch	Magicalis
Monster	Monstrum
Rache	Vindictam
Stärke	Fortitudo
Sterblich	Mortale
Triumphierend	Triumphantes
Verhalten	Moribus

Natur
Natura

Arktis	Arctic
Berge	Montes
Bienen	Apes
Dynamisch	Suscipit
Erosion	Exesa
Fluss	Flumen
Friedlich	Pacis
Gletscher	Glacier
Heiligtum	Sanctuarium
Heiter	Serena
Laub	Fronde
Lebenswichtig	Vitalis
Nebel	Caligo
Schönheit	Pulchritudo
Tiere	Animalia
Tropisch	Tropical
Wald	Silva
Wild	Fera
Wolken	Nubes
Wüste	Deserto

Obst
Fructus

Ananas	Pineapple
Apfel	Apple
Avocado	Avocado
Beere	Berry
Birne	Pirum
Brombeere	Etiam
Feige	Ficus
Grapefruit	Grapefruit
Himbeere	Rubus Idaeus
Kirsche	Cerasus
Kiwi	Kiwi
Kokosnuss	Dolor
Melone	Cucumis
Nektarine	Nectarine
Orange	Rhoncus
Papaya	Papaya
Pfirsich	Persicum
Pflaume	Pruno
Traube	Uva
Zitrone	Lemon

Ozean
Oceanum

Aal	Anguilla
Auster	Ostrea
Boot	Navi
Delfin	Delphini
Fisch	Pisces
Garnele	Squilla
Gezeiten	Aestus
Hai	Shark
Koralle	Coral
Krabbe	Cancer
Krake	Polypus
Qualle	Jellyfish
Riff	Reef
Salz	Sal
Schildkröte	Turtur
Schwamm	Spongia
Sturm	Tempestas
Thunfisch	Tuna
Wal	Balena
Wellen	Fluctus

Ökologie
Oecologia

Art	Species
Berge	Montes
Dürre	Siccitate
Flora	Flora
Freiwillige	Voluntariis
Gemeinschaft	Communitates
Klima	Caeli
Lebensraum	Habitat
Marine	Marine
Nachhaltig	Nullam
Natur	Natura
Natürlich	Naturalis
Pflanzen	Plantis
Ressourcen	Opes
Sumpf	Paludem
Überleben	Salutem
Vegetation	Virentia
Vielfalt	Diversitas

Pflanzen
Plantis

Bambus	Bamboo
Baum	Arbor
Beere	Berry
Blatt	Folium
Blume	Flos
Blütenblatt	Petalorum
Bohne	Bean
Botanik	Botanicam
Busch	Bush
Dünger	Stercorat
Efeu	Hedera
Flora	Flora
Garten	Hortus
Gras	Herba
Kaktus	Cactus
Laub	Fronde
Moos	Muscus
Vegetation	Virentia
Wald	Silva
Wurzel	Radix

Philanthropie
Benignitas

Brauchen	Opus
Ehrlichkeit	Honestatis
Finanzieren	Finance
Gemeinschaft	Communitas
Geschichte	Historia
Grosszügigkeit	Liberalitate
Gruppen	Coetus
Jugend	Iuvenis
Kinder	Filii
Kontakte	Contactus
Menschen	Populus
Menschheit	Humanitatis
Mission	Missio
Mittel	Pecunia
Öffentlich	Publica
Programme	Progressio
Spenden	Datum
Ziele	Metas

Physik
Physica

Atom	Atom
Beschleunigung	Acceleratio
Chaos	Chaos
Chemisch	Eget
Dichte	Densitas
Elektron	Electron
Experiment	Experimentum
Formel	Formula
Frequenz	Frequency
Gas	Vestibulum
Geschwindigkeit	Velocitas
Magnetismus	Magnetismi
Masse	Massa
Mechanik	Mechanica
Molekül	Moleculo
Motor	Engine
Nuklear	Nuclear
Partikel	Particula
Relativität	Comparatione
Universal	Universalis

Psychologie
Duis

Bewertung	Taxationem
Bewusstlos	Conscientiam
Ego	Ego
Erinnerungen	Memoria
Gedanken	Cogitationes
Kindheit	Pueritia
Klinisch	Fusce
Kognition	Cognitio
Konflikt	Certamen
Problem	Quaestio
Sensation	Sensum
Termin	Appointment
Therapie	Justo
Träume	Somnia
Unterbewusstsei n	Subconscious
Verhalten	Moribus
Wahrnehmung	Perceptio
Wirklichkeit	Re

Regierung
Imperium

Bezirk	Nullam
Demokratie	Democratia
Denkmal	Monumentum
Diskussion	Disputationem
Freiheit	Libertatem
Friedlich	Pacis
Führer	Dux
Gerechtigkeit	Iustitia
Gesetz	Lex
Gleichheit	Aequalitas
Justiziell	Iudicialis
Macht	Potentia
Nation	Gens
Politik	Politica
Rechte	Iura
Rede	Oratio
Staat	Status
Symbol	Signum
Verfassung	Constitutio
Zivil	Civilis

Säugetiere
Nullam

Affe	Simia
Bär	Ursus
Biber	Castor
Elefant	Elephantis
Fuchs	Vulpes
Giraffe	Panthera
Gorilla	Orci
Hund	Canis
Känguru	Macropus
Kojote	Coyote
Löwe	Leo
Panther	Pardus
Pferd	Equus
Ratte	Rat
Schaf	Oves
Stier	Taurus
Tiger	Tiger
Wal	Balena
Wolf	Lupus
Zebra	Zebra

Schach
Latrunculorum

Champion	Fortissimus
Diagonal	Diameter
Gegner	Adversarius
König	Rex
Königin	Regina
Lernen	Discere
Opfer	Sacrificium
Passiv	Passiva
Punkte	Puncta
Regeln	Praecepta
Schwarz	Nigrum
Spiel	Ludum
Spieler	Ludio Ludius
Strategie	Consilio
Turnier	Torneamentum
Weiss	Albus
Wettbewerb	Certamen
Zeit	Tempus

Schönheit
Pulchritudo

Anmut	Gratia
Charme	Leporem
Dienstleistungen	Officia
Duft	Odor
Elegant	Elegans
Eleganz	Elegantia
Farbe	Color
Fotogen	Amet
Glatt	Lenis
Haut	Cutis
Kosmetik	Stibio
Lippenstift	Lipstick
Locken	Cincinnis
Schere	Axicia
Shampoo	Shampoo
Spiegel	Speculum
Stylist	Stylist
Wimperntusche	Convallis

Science Fiction
Scientia Ficta

Atomic	Atomicus
Chemikalien	Chemicals
Dystopie	Dystopia
Explosion	Crepitus
Extrem	Extrema
Fantastisch	Suspendisse
Fern	Distant
Feuer	Ignis
Futuristisch	Futuristic
Galaxie	Galaxia
Geheimnisvoll	Arcanum
Illusion	Illusio
Imaginär	Imaginaria
Orakel	Oraculum
Planet	Planeta
Romane	Conscripserit
Technologie	Nulla
Utopie	Utopia
Welt	Mundi

Sport
Sport

Athlet	Athleta
Ausdauer	Patientia
Diät	Diet
Ernährung	Nutritionem
Fähigkeit	Facultatem
Gesundheit	Salutem
Joggen	Jogging
Knochen	Ossa
Körper	Corpus
Maximieren	Maximize
Metabolisch	Metabolicae
Muskel	Musculi
Programm	Elit
Radfahren	Cycling
Sport	Ludis
Stärke	Fortitudo
Tanzen	Chorum
Trainer	Raeda
Ziel	Finis

Stadt
Oppidum

Apotheke	Atqui
Bank	Ripam
Bäckerei	Pistrinum
Bibliothek	Library
Blumenhändler	Florist
Buchhandlung	Bookstore
Café	Casu
Flughafen	Elit
Galerie	Gallery
Geschäft	Store
Hotel	Hotel
Klinik	Eget
Museum	Museum
Restaurant	Amet
Schule	Schola
Stadion	Stadium
Supermarkt	Forum
Theater	Theatrum
Universität	University
Zoo	Exo

Tage und Monate
Diebus et Mensibus

August	August
Dezember	December
Dienstag	Martis
Donnerstag	Jovis
Februar	February
Freitag	Veneris
Jahr	Anno
Januar	January
Juli	July
Juni	June
Kalender	Calendar
Mittwoch	Wednesday
Monat	Mense
Montag	Monday
November	November
Oktober	Aliquam
Samstag	Saturday
September	September
Sonntag	Dominica
Woche	Septimana

Tanzen
Chorus

Akademie	Academiae
Anmut	Gratia
Ausdrucksvoll	Expressivum
Bewegung	Motus
Choreographie	Choreography
Emotion	Affectus
Freudig	Laeta
Haltung	Staturam
Klassisch	Classical
Körper	Corpus
Kultur	Cultura
Kulturell	Culturae
Kunst	Es
Musik	Musica
Partner	Socium
Probe	Recensendum
Rhythmus	Numero
Traditionell	Traditum
Visuell	Visual

Tugenden #1
Virtutes #1

Bescheiden	Modestus
Charmant	Venustus
Effizient	Efficiens
Entscheidend	Decretorium
Geduldig	Patiens
Grosszügig	Liberalis
Gut	Bonum
Hilfreich	Benevolens
Intelligent	Intelligens
Künstlerisch	Artis
Leidenschaftlich	Iracundus
Neugierig	Curiosus
Praktisch	Practica
Sauber	Mundus
Unabhängig	Independens
Weise	Sapiens
Zuverlässig	Certa
Zuversichtlich	Confidit

Universum
Universi

Asteroid	Asteroidem
Astronom	Astrologus
Astronomie	Astronomia
Atmosphäre	Aeris
Breite	Latitudo
Dunkelheit	Tenebrae
Galaxie	Galaxia
Hemisphäre	Hemisphaerio
Himmel	Caelum
Himmlisch	Caelestis
Horizont	Horizon
Kosmisch	Cosmicam
Längengrad	Longitudinis
Mond	Luna
Orbit	Orbita
Sichtbar	Apparet
Solar	Solaris
Sonnenwende	Aequinoctium
Teleskop	Telescopium
Tierkreis	Zodiac

Urlaub #2
Vacation #2

Ausländer	Peregrinus
Ausländisch	Aliena
Berge	Montes
Camping	Castra
Flughafen	Elit
Freizeit	Otium
Hotel	Hotel
Insel	Insula
Karte	Map
Meer	Mare
Pass	Singraphus
Reise	Iter
Restaurant	Amet
Strand	Beach
Taxi	Taxi
Transport	Nulla
Urlaub	Ferias
Visum	Visa
Zelt	Tabernaculum
Zug	Comitatu

Vögel
Aves

Adler	Aquila
Ei	Ovum
Ente	Anatis
Eule	Noctua
Flamingo	Flamingo
Gans	Anserem
Huhn	Pullum
Kanarienvogel	Ga
Krähe	Corvus
Kuckuck	Cuckoo
Möwe	Gull
Papagei	Psittacus
Pelikan	Pelican
Pfau	Pavo
Reiher	Heron
Schwan	Swan
Spatz	Passer
Storch	Ciconia
Taube	Columbam
Toucan	Toucan

Wandern
Hiking

Berg	Montem
Camping	Castra
Führer	Duces
Gipfel	Culmen
Karte	Map
Klima	Caeli
Müde	Lassus
Natur	Natura
Orientierung	Orientation
Parks	Parcis
Schwer	Gravis
Sonne	Sol
Steine	Lapides
Stiefel	Tabernus
Tiere	Animalia
Vorbereitung	Praeparatio
Wasser	Aqua
Wetter	Tempestas
Wild	Fera

Wasser
Aqua

Bewässerung	Irrigationes
Dampf	Vapor
Dusche	Imber
Eis	Ice
Feucht	Humido
Feuchtigkeit	Humiditas
Fluss	Flumen
Flut	Diluvium
Frost	Gelu
Geysir	Geyser
Hurrikan	Procellae
Kanal	Canalis
Monsun	Etesia
Ozean	Oceanum
Regen	Pluvia
Schnee	Nix
See	Lacus
Trinkbar	Drinkable
Verdunstung	Evaporatio
Wellen	Fluctus

Wetter
Tempestas

Atmosphäre	Aeris
Blitz	Fulgur
Brise	Aura
Donner	Tonitrua
Dürre	Siccitate
Eis	Ice
Himmel	Caelum
Hurrikan	Procellae
Klima	Caeli
Monsun	Etesia
Nebel	Caligo
Polar	Polar
Regenbogen	Mauris
Sturm	Tempestas
Temperatur	Tortor
Tornado	Turbo
Trocken	Siccum
Tropisch	Tropical
Wind	Ventus
Wolke	Nubes

Wissenschaft
Scientia

Atom	Atom
Chemisch	Eget
Daten	Data
Evolution	Praegressus
Experiment	Experimentum
Fossil	Fossile
Hypothese	Rum
Klima	Caeli
Labor	Nulla
Methode	Modus
Mineralien	Mineralibus
Moleküle	Moleculis
Natur	Natura
Partikel	Particulis
Pflanzen	Plantis
Physik	Physica
Schwerkraft	Gravitatis
Tatsache	Eo
Wissenschaftler	Scientist

Wissenschaftliche Disziplinen

Scientifica Disciplinis

Anatomie	Anatomia
Archäologie	Antiquitatis
Astronomie	Astronomia
Biochemie	Biochemistry
Biologie	Biology
Botanik	Botanicam
Chemie	Chemia
Geologie	Nederlandicae
Immunologie	Immunology
Kinesiologie	Kinesiology
Linguistik	Grammatica
Mechanik	Mechanica
Meteorologie	Meteorology
Mineralogie	Mineralogy
Neurologie	Neurology
Ökologie	Oecologia
Physiologie	Physiology
Psychologie	Duis
Soziologie	Sociologiae
Zoologie	Zoologicam

Zahlen

Numeri

Acht	Octo
Achtzehn	Decem et Octo
Dezimal	Decimales
Drei	Tres
Dreizehn	Tredecim
Fünf	Quinque
Fünfzehn	Quindecim
Neun	Novem
Neunzehn	Undeviginti
Null	Nulla
Sechs	Sex
Sechzehn	Sedecim
Sieben	Septem
Siebzehn	Septemdecim
Vier	Quattuor
Vierzehn	Quattuordecim
Zehn	Decem
Zwanzig	Viginti
Zwei	Duo
Zwölf	Duodecim

Zeit

Tempus

Gestern	Heri
Heute	Hodie
Jahr	Anno
Jahrhundert	Century
Jahrzehnt	Decennium
Jährlich	Annua
Jetzt	Nunc
Kalender	Calendar
Minute	Minutis
Mittag	Meridies
Monat	Mense
Morgen	Mane
Nach	Post
Nacht	Nocte
Stunde	Hora
Tag	Die
Uhr	Horologium
Vor	Ante
Woche	Septimana
Zukunft	Futurum

Zirkus

Circo

Affe	Simia
Akrobat	Acrobat
Ballons	Balloons
Elefant	Elephantis
Fahrkarte	Aliquam
Jongleur	Juggler
Kostüm	Habitu
Löwe	Leo
Magie	Magia
Musik	Musica
Parade	Pompam
Tiere	Animalia
Tiger	Tiger
Trick	Dolum
Zauberer	Magus
Zeigen	Ostende
Zelt	Tabernaculum
Zuschauer	Spectator

Gratuliere

Sie haben es geschafft !!

Wir hoffen, dass euch dieses Buch genauso viel Spaß gemacht hat wie uns dessen Herstellung. Wir tun unser Bestes, um qualitativ hochwertige Spiele zu erfinden. Diese Rätsel sind auf eine clevere Art und Weise entworfen, damit sie aktiv lernen und daran Vergnügen finden.

Hat ihnen das Buch gefallen ?

Eine einfache Bitte

Unsere Bücher existieren dank der Rezensionen, die sie veröffentlichen. Können sie uns helfen indem sie jetzt eine Meinung hinterlassen ?

Hier ist ein kurzer Link, der Sie zu ihrer Bewertungsseite führt

BestBooksActivity.com/Rezension50

MONSTER HERAUSFÖRDERUNGEN !

Herausförderung 1

Bereit für ihr Bonusspiel? Wir verwenden sie ständig, aber sie sind nicht einfach zu finden. Es sind die Synonyme !

Notieren sie 5 Wörter, die sie in den untenstehenden Rätseln (Nummer 21, 36 und 76) entdeckt haben und versuchen sie für jedes Wort 2 Synonyme zu finden .

Notieren sie 5 Wörter aus ***Rätsel 21***

Wörter	Synonym 1	Synonym 2

Notieren sie 5 Wörter aus ***Rätsel 36***

Wörter	Synonym 1	Synonym 2

Notieren sie 5 Wörter aus ***Rätsel 76***

Wörter	Synonym 1	Synonym 2

Herausförderung 2

Jetzt, wo sie warm sind, notieren sie 5 Wörter, die sie in jedem der untenaufgeführten Rätseln entdeckt haben (Nummer 9, 17 und 25) und versuchen sie für jedes Wort 2 Antonyme zu finden. Wie viele davon können sie binnen 20 Minuten finden ?

*Notieren sie 5 Wörter aus **Rätsel 9***

Wörter	Antonym 1	Antonym 2

*Notieren sie 5 Wörter aus **Rätsel 17***

Wörter	Antonym 1	Antonym 2

*Notieren sie 5 Wörter aus **Rätsel 25***

Wörter	Antonym 1	Antonym 2

Herausförderung 3

Wunderbar, diese Monster Herausförderung  wird kein Problem für sie sein !

Bereit für die letzte Herausförderung? Wählen sie ihre 10 Lieblingswörter aus, die sie in einem Rätsel entdeckt haben und notieren sie sie unten.

1.	6.
2.	7.
3.	8.
4.	9.
5.	10.

Die Aufgabe besteht nun darin mit diesen Wörtern und in maximal sechs Sätzen einen Text herzustellen über eine Person, ein Tier oder ein Ort den sie lieben !

Tipp : sie können die letzten leeren Seiten dieses Buches als Entwurf verwenden

Ihr Schreiben :

NOTIZBUCH :

AUF BALDIGES WIEDERSEHEN !

Linguas Classics

www.ingramcontent.com/pod-product-compliance
Lightning Source LLC
Chambersburg PA
CBHW081710120626
46550CB00010B/3083
9798896700678